"당신을 홍차의 세계로 초대합니다."

Ori's Sweet Tea Time
날마다 홍차

김유나 지음

청어람 장서가

Prologue

　창문 너머로 살짝 비치던 햇살이 찻잔 속으로 들어오던 순간, 가득 담긴 홍차처럼 마음이 찰랑거리며 넘실대던 게 이 모든 것의 시작이었습니다. 그때부터 지금까지 홍차는 그 모습 그대로 항상 제 곁에 있어주었죠.
　'처음'은 어쩜 그렇게 생소한 걸까요? 어린 시절 처음 맛보았던 피자는 질겅질겅한 껌 같았고, 처음 만났던 스테이크에서 흘러내리던 붉은 피는 어린 저를 깜짝 놀라게 하기에 충분했죠.
　홍차도 그랬습니다. '무슨 이런 맛이 다 있을까, 이게 왜 이렇게 비쌀까? 분명 잘난 체하는 사람들이 마시는 걸 거야.' 라는 생각뿐이었죠. 그때의 저에게 "몇 년 후 너에게 홍차는 뗄 수 없는 존재가 될 거야."라고 말한들 분명 콧방귀만 뀌었을 거예요.
　홍차를 좋아하는 지금의 제가 되기까지 특별한 마법은 없었습니다. 다만 홍차는 제 인생을 살며시 적셔왔어요. 티 포트에서 조용히 우러나듯이 말이죠. 그렇게 홍차는 제 삶을 붉고 차분한 색으로 가득 채웠습니다.
　카페에서 홍차를 시키는 저를 보고 "너 그거 알고나 시키는 거니?"라며 갸우뚱한 표정을 짓는 친구들이 있습니다. 그러면 제가 이렇게 얘기하죠.

"내가 예전에 너랑 똑같은 얘기를 했었어." 그러고는 제 찻잔을 친구 쪽으로 살짝 밀어줍니다. "한 번 마셔봐." 물론 친구의 반응이 항상 긍정적이진 않지만요.

다만 확실한 건, 저는 항상 이렇게 주변 사람들에게 홍차를 권할 거라는 거죠. 어렵고 멀게만 느껴지는 홍차가, 그들의 삶에 조금씩 스며들어 행복한 향으로 채워지도록 말이죠.

홍차의 세계에 놀러오셨다면, 이게 맞다든가 이게 틀렸다든가 하는 문제들은 일단 접어두시고, 즐겁게 마셔주세요. 자신에게 맛있는 홍차가 최고의 홍차라는 사실을 기억하시고요.

그리고 말해주세요.

"아, 맛있다!"

최고의 행복이 그곳에 기다리고 있을 거예요.

2010년 5월

김유나

Contents

Arrange the Tea Party

Sweet My Tea Room
013 홍차의 세계로 초대합니다
016 도구들을 준비해 볼까요?
023 펜으로 그리는 마이 티 포트
025 행복한 고민, 찻잔 쇼핑
033 오리의 티룸을 소개합니다

Happy My Tea Note
035 이름이 너무 어려워!
038 그 이름도 우아한 카멜리아 시넨시스
042 홍차나무가 자라는 나라들
046 홍차가 만들어지는 과정
048 FOP! 암호의 정체
054 홍차의 네 가지 골든 룰
060 맛있는 홍차를 위한 레시피
063 티백도 제대로 즐기면 맛있다
068 브랜드별 홍차 정리 노트
062 Ori's Tea Note. 홍차를 배울 수 있는 곳
066 Ori's Tea Note. 셀프 티백 만들기

085　Travel for the Tea. 홍차 일본 여행

Enjoy the Tea Party

Straight tea
099　말랑 말랑한 티타임엔 다질링
102　강한 몰트 향의 매력, 아삼
104　수더분한 둘째 같은 닐기리
106　홍차 본연의 순수함 우바
108　오리의 머스트 해브 아이템, 갈레
110　사탕이 아닌 캔디
114　뭉게뭉게 연기 속에서 만나는 기문
117　Ori's Tea Note. 이 계절을 기억하세요!

Blended Tea
121　홍차의 마법이 시작됩니다
123　아침을 깨우는 잉글리시 브렉퍼스트
125　오후의 쉼표 같은 잉글리시 애프터눈

Flavored Tea

130 플레이버리드 티의 시작, 얼 그레이
132 선택의 갈림길에서 한 시간

　　달콤한 향의 홍차 (마리아주 프레르의 버터스카치 / 마리나 드 부르봉의 베가)
　　과일 향의 홍차 (루피시아의 파라다이스 / 베노아의 애플)
　　꽃향기 홍차 (포숑의 파리의 오후 / 플리아쥬의 프린세스 라벤더)

147 레시피1 집에서 만드는 허브 홍차

　　라벤더 그레이 / 실론 민트 / 로즐링

150 레시피2 집에서 만드는 리얼 후르츠 티

　　귤 홍차 / 리얼 애플 티

153 레시피3 집에서 만드는 리얼 플라워 티

Milk Tea

157 너의 알싸함을 감싸줄게
159 밀크 인 퍼스트 혹은 밀크 인 애프터
161 레시피4 고소하고 달콤한 로얄 밀크티
164 인도의 국민 차, 짜이
168 레시피5 밀크 티의 무한변신

　　바닐라 밀크 티 / 바나나 밀크 티 / 초코 밀크 티

167 Ori's Tea Note. 향신료는 어디서 구할까요?

Ice Tea

- 174 한여름의 행복 아이스티
- 176 레시피6 상큼한 후르츠 아이스 티
  오렌지 아이스 티 / 딸기 아이스 티
- 178 레시피7 아이스 밀크 티
- 180 레시피8 알코올을 살짝 넣은 티 펀치

Tea Food

- 183 티타임에 절대 빠질 수 없는 것
- 184 홍차의 천생연분 단호박 스콘
- 186 보들보들 너무 부드러운 마들렌
- 188 향긋한 얼 그레이 샤브레
- 190 초콜릿 속으로! 퐁당 쇼콜라

Plus Tip

- 118 오래된 홍차 활용법1. 홍차 염색
- 128 오래된 홍차 활용법2. 냉장고를 지키는 요정
- 154 홍차 캔 활용법. 그들의 무한한 변신
- 172 다구 관리와 청소법. 치약과 소다가 해결사

- 193 Epilogue. 애프터눈 티 파티를 열어볼까요?
- 199 My Tea cafe. Ori Pekoe 홍차카페 창업이야기

Arrange the Tea Party

Tea Part.1
Sweet
My Tea Room

홍차의 세계로 초대합니다

　몇 년 전만 해도 사실 저는 홍차에 별 관심이 없었답니다. 그냥 카페에 가면 '홍차도 파네?' 하며 메뉴판에 적힌 수많은 홍차의 이름들을 그냥 슥 지나치는 정도였죠. 그리곤 어김없이 달달한 음료를 주문하곤 했습니다.

　커피를 그다지 좋아하지 않았기 때문에 비행기를 타거나 식사를 하고 난 후 제공되는 음료가 오로지 홍차와 커피 둘뿐일 경우 홍차를 선택했죠. 홍차와의 첫 만남은 그렇게 시작되었는지도 모르겠네요. 물론 그때도 플라스틱 컵에 뜨거운 물을 붓고 티백을 퐁당퐁당 담구는 정도였습니다. 진한 홍차색이 우러나오길 기다리던 그 짧은 순간 동안은, 뭐랄까 우아한 어른이 된 것 같은 기분이 잠시 들기도 했죠. 하지만 티백을 담그고 한참 잊고 있다가 한입 머금고는 "뭐야, 이 독한 맛은…." 이라고 내뱉었습니다. 혓바닥이 오그라들던 그 쓴맛의 기억은 좀 오래 갔습니다.

　그러던 차에 〈오만과 편견〉이라는 BBC 드라마를 보게 되었답니다. 홍차를 진심으로 즐기고 있는 영국 사람들의 모습과 문화에 조금씩 매력을 느끼게 되었죠. 당장 편의점으로 달려가 노란 상자의 립톤 티백을 사들고 돌아왔답니다. 하

지만 홍차를 즐기려는 제 노력은 또다시 대실패. 여전히 홍차는 떫고 쓰기만 했고, '영국인들은 입맛이 나와 다르구나.' 하고 포기해버렸습니다.

그래도 홍차는 저를 끊임없이 유혹했습니다. 멋진 영화에서, 만화에서 그리고 책에서. "이렇게 맛있는데 너는 왜 그러니?" 하고요.

그러던 중 친구가 추천해준 티 파티 Tea Party 에 참석하게 되었습니다. 어쩐지 멋져보였기 때문이라고 하면 너무 속물적인 이유지만 결국 전 그 티 파티에 가게 되었습니다.

티 파티는 홍차 브랜드 '딜마의 티룸'에서 열렸습니다. 한 달에 한 번 테마를 정해 열리는 이 티 파티에 사람들은 근사하게 드레스 코드까지 하고 모였죠.

이런 곳이 있으리라고는 상상조차 하지 못했습니다. 시끌벅적한 홍대, 게다가 지하부터 2층까지 클럽이 들어선 건물의 제일 위층에 우아하고 향긋한 티룸이 있다는 사실을 누가 상상이나 하겠어요?

티룸은 따뜻한 불빛과 달콤한 과자 그리고 은은한 홍차의 향기로 가득했죠. 그 향기에 취해 정성스레 준비된 맛좋은 티 푸드와 홍차를 한가득 채우고 돌아왔답니다. 처음 맛본 제대로 우린 홍차는 정말 환상적이었습니다. 여러 가지 향이 있는 홍차에서부터 산지에 따라 맛이 다른 홍차까지. 홍차의 세계가 이렇게 넓고 다양하리라고는 생각도 못했거든요. 게다가 전혀 쓰거나 떫지도 않았답니다.

티 파티 경험은 정말 홍차에 대해 아무것도 모르던 저를 유혹하기에 충분했죠. 이 모든 문장이 과거형인 이유는 티룸이 문을 닫았기 때문입니다. 하지만 이런 아쉬움을 뒤로 하고 집에서 티 파티를 열게 되기까지는 그리 오랜 시간이 걸리지 않았습니다. 전 정말 홍차의 매력에 흠뻑 빠지고 말았으니까요.

Ori's talk

제게 그랬던 것처럼 맛있게 우러난 홍차는 백송이의 장미만큼이나 향기롭고 부드럽게 당신을 유혹할 거예요. 그리고 당신은 그 유혹에 반드시 빠져들게 될 거고요. 제가 장담할게요!

 도구들을 준비해 볼까요?

티 파티에 다녀와서 제가 제일 먼저 한 일은 제 방에 작은 티룸을 만든 것이었습니다. 영화 속에 나오는 중세 배경의 고풍스럽고 빈티지한 티룸을 만들면 좋겠지만, 그렇게 거창하지 않아도 좋습니다. 우선 하나씩 갖춰 나가며 시작해 보는 것도 좋겠죠?

티룸을 만들기 위해서는 그다지 많은 것들이 필요하진 않습니다. 자, 홍차나라로 출발하기 위한 준비물을 체크해 볼까요?

티 포트 *Tea pot*

동글동글하고 귀여운 티 포트를 보면 절로 웃음이 나는 오리입니다. 영화 〈미녀와 야수〉의 포트 부인을 기억하세요? 귀엽고 동그란 분홍색 볼을 가진 포트 부인을 보고 있으면 제 티 포트도 언젠가 저에게 말을 걸어올 것 같은 느낌이 들곤 하죠. 물론 아직은 대답 없는 메아리만 진행 중입니다.

다양한 모양의 정말 예쁜 티 포트들이 너무 많이 있습니다. 모두 가지고 싶은 마음이 굴뚝같지만 그럴 수 없는 주머니 사정으로 하나하나 조금씩 식구들을 늘

려가고 있죠.

 디자인의 종류가 다양하니 취향에 따라 선택하면 되지만, 주의할 사항은 하나 있습니다. 그것은 티 포트의 모양! 무엇보다 찻잎을 잘 우려내는 것이 중요한 만큼 네모난 아이나 길쭉한 아이, 넓적한 아이들보다는 동그란 아이를 선택하실 것을 권합니다. 찻잎이 티 포트 안에서 수영을 잘 할 수 있어야 홍차가 맛있게 우러나기 때문입니다. 그래도 네모난 아이가 좋으시다면 티 포트를 두 종류로 준비하세요. 우려내기용 티 포트는 둥근 것으로 쓰시고, 네모난 아이에 옮겨 드시면 되겠죠?

타이머 *Timer*

 너무 오래 우린 찻잎은 떫고 쓰며, 또 너무 연하게 우린 것은 밍밍해서 물맛밖에 나지 않습니다. 그만큼 홍차를 우릴 때는 시간이 중요하다는 말씀.

 사실 타이머를 대신할 수 있는 것은 많이 있습니다. 운치 있게 모래시계를 쓰셔도 되고, 초침이 있는 탁상시계나 자신의 손목시계를 뚫어지게 지켜보고 있어도 됩니다. 하지만 저처럼 정신이 오락가락하는 분들이라면 타이머를 꼭 준비하세요. 저는 3분용과 5분용을 따로 준비해 놓고 있답니다. '띠띠띠띠' 하는 소리가 티타임의 분위기를 조금 깨뜨리긴 하지만 그래도 맛없는 홍차를 먹는 것보단 훨씬 낫겠죠?

🏷️ 스트레이너 *Strainer*

스트레이너는 적당히 우려진 찻잎을 걸러내는 데 필요한 도구입니다. 티 포트 자체에 망이 있는 것도 있지만 그다지 촘촘하지 않아 작은 찻잎은 잘 걸러내지 못하죠. 망을 통과해버린 작은 잎들은 홍차를 마실 때 우리를 불편하게 만듭니다.

이러한 불편함을 피하기 위해 만들어진 것이 바로 티백입니다. 그리고 티백의 원리를 이용한 인퓨저Infuser도 등장하게 되었죠. 인퓨저는 은색 망 안에 홍차를 넣고 우리는 도구로 이를테면 반영구 티백이라고 할 수 있겠네요. 인퓨저를 사용하면 홍차를 우리는 과정이 쉬워지긴 하지만 찻잎이 주전자 안에서 수영을 할 수 없기 때문에 그다지 추천해 드리지는 않습니다. 확실히 맛에 차이가 나기 때문입니다. 가둬서 기른 소보다 방목한 소가 더 맛있듯이 말이죠. 비유가 좀 이상한가요? 그래도 인퓨저는 간편하게 홍차를 머그잔에 우려서 마시고 싶을 때 사용하면 편리합니다.

아무튼 이런 면에서 볼 때 가장 맛있는 홍차를 즐기기 위해 스트레이너는 꼭 필요한 도구입니다. 티 포트 안에서 적당한 시간 동안 마음껏 헤엄치며 논 찻잎들을 제대로 걸러야 편안하고 우아하게 차를 즐길 수 있으니까요. 스트레이너의 종류와 모양, 재질 또한 다양하지만 되도록 망이 촘촘하고 이중으로 된 것을 구입하시는 게 좋습니다.

🏷️ 티코지 *Tea cozy*

차는 온도가 중요합니다. 갓 우린 뜨거운 홍차를 입 안에 머금으면 향과 맛이

더욱 잘 느껴지죠. 식으면 맛이 없답니다. 하지만 차를 마시다보면 저절로 식게 마련이니, 어떡하면 좋을까요?

자, 걱정 마시라. 최대한 차의 온도를 따뜻하게 유지해 주는 티코지가 있으니 말입니다. 사랑스런 아이에게 포근한 이불을 덮어주듯 티 포트에 살포시 티코지를 씌워주면 온기가 오래도록 지속됩니다.

티코지는 솜이 빵빵하게 고정되어 있는 것이 좋답니다. 포트가 바닥에 닿지 않게 매트까지 세트로 있다면 더욱 좋고요.

차의 온도를 유지하는 방법으로 티 워머 Tea Warmer 를 사용하기도 합니다. 티 워머는 촛불 위에 티 포트를 올려놓게 되어 있는 도구이죠. 직접 불로 데우는 것이라서 "유리 티 포트에 사용해도 될까?" 하고 고민하는 분들도 간혹 있는데 티 포트가 깨질 염려는 전혀 없답니다.

각각 선호하는 도구가 다르긴 하지만, 저는 티 워머보다 티코지를 사용합니다. 티 워머를 사용할 땐 촛불이 색다른 분위기를 연출해 주어 더욱 기분이 은은해지긴 하지만 정작 티 포트의 아랫부분만 뜨거워질 뿐 전체적으로 온도를 오래 보존해주지는 못하는 것 같습니다.

티 메저 스푼 Tea Measer Spoon

그릇 가게에서 반짝반짝 빛나는 은색 스푼을 본 적 있으세요? 전 그게 뭔지도 모르면서 너무 예쁘다는 이유만으로 이것저것 사 모았답니다. 예쁜 모양과 색깔 위에 장식이 되어 있는 스푼을 들고 있으면 영국 숙녀가 된 듯한 기분이 들곤 하죠.

티 메저 스푼은 차를 계량하는 도구입니다. 모양과 색깔이 다양해서 티룸을 예쁘게 꾸며주는 일등공신이기도 하죠. 특히 은으로 도금된 것이 많긴 한데 아무

래도 은으로 도금된 것은 쉽게 노랗게 변색이 되니 보관에 신경을 써야 합니다.

    정확한 계량을 위해서는 넓적한 것보다 안으로 오목하게 파인 모양의 것을 고르는 게 좋습니다. 그래서 사실 저도 예쁜 메저 스푼들은 그냥 고이 모셔두고 베이킹용 계량 스푼을 주로 사용한답니다.

티백 트레이 *Teabag Tray*

    티백 트레이는 다 우린 티백을 빼놓는 작은 접시랍니다. '티백 레스트Teabag Rest'라고도 불리는데, '열심히 홍차를 우린 티백이 쉬는 곳'이라는 표현이 참 귀엽죠? 사실 트레이는 꼭 필요한 도구는 아니지만 그래도 하나쯤 가지고 싶은 욕심이 생기게 된답니다. 이렇게 조금씩 홍차 도구함이 풍족해져가는 것을 보는 것도 홍차를 즐기는 재미 중 하나니까요.

티백 스퀴저 *Teabag Squeezers*

    티백 홍차를 즐길 때에 있으면 편리한 것이 티백 스퀴저입니다. 스퀴저는 티백에 남아있는 홍차를 짜서 마지막 한 방울까지 다 마실 수 있게 해주죠. 다만 너무 세게 누르면 찌꺼기가 나올 수도 있으니 주의하셔야 합니다.

드롭 캐처 *Drop Catcher*

드롭 캐처는 말 그대로 티 포트의 주둥이에서 한 방울씩 떨어지는 홍차 방울을 막아주는 도구입니다. 티 포트 밑에는 대개 천으로 된 매트를 깔게 되는데 찻물이 이렇게 한 방울씩 떨어져서 물이 들곤 하죠. 찻물로 들어버린 자국은 쉽게 지워지지 않아 매트가 점점 꼬질꼬질해져 버리고 맙니다. 이걸 방지하기 위해 티 포트의 주둥이에 꽂아주는 게 바로 드롭 캐처입니다.

종이로 된 것과 실리콘으로 된 것 그리고 천으로 된 것 등 종류는 다양합니다. 실리콘 타입이나 천으로 된 것은 수요가 많지 않아 구하기 힘든 반면 종이 타입의 일회용 제품은 쉽게 구입할 수 있답니다. 집에서도 손쉽게 만들 수 있으니 한번 만들어보는 것은 어떨까요?

Ori's talk

이외에도 홍차 도구는 많이 있지만, 우선 기본적인 것들부터 준비해 티룸을 만들어 보세요. 중요한 것은 도구가 아니라 향긋한 오후의 티타임을 즐기는 여유로운 마음이니까요.

펜으로 그리는 마이 티 포트

유혹의 손길을 보내는 예쁜 티 포트들에 비하면 못생기고 투박하지만, 내가 직접 만든 티 포트만큼 특별한 건 없죠. 자신만의 티 포트를 만드는 건 생각보다 어렵지 않답니다. 포슬린이라는 물감으로 칠하고 오븐에 구워주면 완성이죠.

그림을 그려야 한다고 해서 겁먹지 않으셔도 되요. 펜 하나만 있어도 되니까 붓에 두려움증이 있으신 분들도 쓱쓱 완성할 수 있답니다. 테두리에 작은 레이스 하나만 그려줘도 하얗고 맨송맨송하던 티 포트가 멋지게 변신해 내 품에 쏙 안긴답니다. 자, 같이 해볼까요?

- **준비물** 하얀 티 포트, 포슬린 물감, 펜, 오븐 하얀 티 포트는 다이소 같은 생활용품점이나 한국 도자기 등에서 구하실 수 있답니다.

- **만드는 방법**
1. 하얀 티 포트 위에 선으로 그림을 그려주세요. 그림을 너무 많이 그려 넣으면 조금 복잡해 보일 수 있으니 심플하게 그려주세요.
2. 이제 오븐에 넣고 200℃로 15분 동안 구워주세요.
3. 오븐에서 티 포트를 꺼내볼까요? 두근두근. 어때요? 멋지죠? 자, 이제 내가 만든 티 포트에 가장 좋아하는 티를 우려 티타임을 즐겨봅시다.

티백의 유래

예쁘게 포장해서 친구에게 선물해 보세요. 뭔가 특별한 것을 선물하고 싶을 때 내가 직접 그린 티 포트만 한 것도 없겠죠. 티 포트에서 마음껏 헤엄칠 향긋한 홍차도 함께 하면 금상첨화고요.

🫖 행복한 고민, 찻잔 쇼핑

티룸을 만들 때 가장 기분 좋은 순간은 바로 찻잔을 구입하러 다니는 시간입니다. 얼마나 다양하고 예쁜 찻잔들이 많은지 보는 것만으로도 저를 행복하게 해주죠. 예쁜 찻잔들의 유혹을 이기지 못해 티룸에는 새로운 찻잔들이 계속 늘어나고 있습니다. 찬장을 열 때 저를 환하게 반겨주는 예쁜 찻잔들 중 제가 특별히 아끼는 것들을 몇 개 소개하겠습니다.

🍵 노리다케 *Noritake* 시리즈

너무 귀여운 모습의 노리다케의 티 포트와 찻잔들은 시리즈를 다 가지고 싶은 욕심을 마구 불러일으킵니다. 티 포트는 350cc 정도의 용량이고, 찻잔은 넓어서 귀여운 모습을 하고 있죠. 그림이 많이 그려져 있어 수색을 즐기기는 쉽지 않지만 예쁜 찻물 사이로 살짝 비치는 문양이 매력적이랍니다. 1904년에 설립된 일본 브랜드인 노리다케는 사업을 크게 벌이지 않고 도자기에만 집중해 품질로 승부하는 가족 형태의 기업입니다. 현재는 티 포트와 찻잔의 세트로 구성된 10여 개 제품을 판매하고 있는데, 큐티 로즈 시리즈가 가장 인기랍니다.

♥ 웨지우드 *Wedgwood* 안젤라 *Angela*와 헤서웨이 *Hathaway* 티 포트

 커다란 티 포트를 들고 손님들에게 차를 대접하는 호스트가 되고 싶다는 꿈을 꾸기 시작할 즈음 구매한 대용량 티 포트랍니다. 정말 큰마음 먹고 구매해야 할 만큼 가격이 비쌌는데, 배송 중에 그만 금이 가고 말아 지금은 찬장에 고이 모셔 두고 있습니다. 비록 이 티 포트들은 찬장에 있지만, 저는 그때의 꿈을 이루며 즐겁게 차를 끓이고 있답니다. 사람들에게 맛있는 차를 대접하는 즐거움에 하루하루 살아가는 저를 이 티 포트들이 흐뭇하게 지켜보고 있는 듯해요.
 안젤라는 빗살무늬에 연하게 작은 꽃들이 수채화 느낌으로 그려져 있어 여리고 푹신한 느낌을 주고, 헤서웨이는 사랑스런 장미 문양이 큼직하게 그려져 있어 눈길을 확 끌죠. 지금은 둘 다 단종 되어 앤티크 숍을 통해서만 구입할 수 있답니다.

🍊 웨지우드 Wedgwood 퀸즈웨어 Queensware 찻잔

파란 하늘색에 하얀 문양이 오돌토돌하게 그려져 있는 게 너무 매력적이죠? 티 포트까지 구매해 보는 것이 현재의 제 목표이지만, 이미 오래 전 단종 되어 새 제품을 구할 길이 없답니다. 홍차 마니아들에게 웨지우드 퀸즈웨어는 매우 귀한 앤티크 찻잔이죠. 약간 낡은 느낌이 향수를 자아내기도 하는데, 이게 바로 앤티크 찻잔을 구매하는 재미인 것 같아요.

1795년에 시작된 웨지우드는 고급 도자기의 대명사이기도 합니다. 영국 스타일의 본차이나를 탄생시킨 명성을 유지하기 위해 지금도 옛날 방식 그대로 도자기를 만들고 있다고 해요. 퀸즈에어만큼이나 웨지우드의 와일드 스트로베리 시리즈도 인기랍니다.

에르메스 Hermes 찻잔

결혼 선물로 받은 그 유명한 에르메스 찻잔! 깨질까 조바심 나서 닳을까 아까워 몇 번 써보지도 않았는데 이사 도중 찻잔 하나에 이가 나가고만 비운의 주인공이죠. 그래서 보고 있으면 마음이 매우 아픕니다.

에르메스의 테이블웨어는 1984년에 처음 시작된 만큼 역사가 길지는 않지만 에르메스 브랜드가 내세우는 장인 정신을 이어받아 매우 질 높은 제품을 생산하기로 유명합니다. 백화점에서 주로 만날 수 있는 비싼 제품이죠. 그래도 하나쯤 티룸에 마련해 놓고 싶다면 면세점에서 구입하세요. 조금은 저렴하게 구입할 수 있을 거예요.

🍵 앤슬리 *Aynsley* 찻잔

민트와 옐로우 색으로 상큼한 기분을 주는 이 찻잔은 언니에게서 선물 받은 것입니다. 맑은 유백색 찻잔 안쪽에 예쁜 꽃이 그려져 있어 우아하기까지 하죠. 봄 햇살을 닮은 이 찻잔과 함께 오후를 보내면 그 시간만큼은 영화에서 본 듯한 영국의 푸른 정원에서 열리는 티 파티에 초대를 받은 느낌이 듭니다.

영국 도자기 마니아가 만든 앤슬리는 광택이 깨끗하고 투명하기로 유명합니다. 그 투명한 유백색 덕분에 수색을 즐기기에 더없이 좋죠. 깊고 맑은 수색은 홍차의 향기를 눈으로도 느낄 수 있게 한답니다.

🫖 로얄 애덜리 *Royal Adderley* 찻잔

파란색과 금색이 어우러져 만들어내는 앤티크한 모습과 안쪽에 앙증맞게 숨어있는 작은 꽃이 마음을 설레게 해요. 시판되자마자 "이거다!" 하면서 장바구니에 담았던 조금 오래된 앤티크 찻잔입니다. 로얄 애덜리는 '포지' 라고 하는 도자기로 만든 작은 화병으로 유명한 브랜드입니다. 꽃으로 유명한 브랜드답게 테이블웨어에도 꽃을 모티브로 한 게 많죠. 꽃향기가 첨가된 플레이버리드 티 Flavored Tea 에 어울리는 찻잔이라고 할까요? 다만 포지에 비해 테이블웨어는 아직 인지도가 낮은 편이어서 그런지 구하기도 조금 어렵답니다.

Ori's talk

다양한 인터넷 숍을 통해 쁘띠한 잔들을 구매할 수 있답니다. 발품 손품 열심히 팔아야 보물을 발견할 확률도 높아지죠. 일본 잡화 가게들 속에 숨어있는 귀여운 찻잔을 발견하는 기쁨도 누려보세요. 지갑이 가난해지는 것도 모르고 눈도 마음도 너무 즐거운 찻잔 쇼핑입니다.

Ori's Tea Note

오리의 추천 숍! 예쁜 다구들은 여기 다 있어요

베로니카숍

앤티크한 찻잔과 그릇들이 많기로 소문이 자자한 곳입니다. 저도 여기서 조금씩 모으고 있는데 자주 들어가면 너무 사고 싶은 게 많아지기 때문에 방문을 자제하고 있죠. 오래되고 구하기 힘든 예쁜 찻잔들도 이곳에서 구할 수 있답니다.
홈페이지 www.veronicashop.co.kr

남대문 남북상사

남대문의 수입상가에 위치한 노리다케 전문 수입총판입니다. 백화점보나 싼 가격에 노리다케 다구를 가질 수 있죠. 방문 구매뿐만 아니라 전화구매도 가능합니다. 방문 구매를 하게 될 경우에는 남북상사 주변에 예쁜 숍들이 많으니 함께 둘러보시는 것도 좋을 거예요. 단, 너무 예쁜 찻잔들이 많아 정신을 놓다보면 지갑이 많이 가난해질 수 있으니 주의하세요!
연락처 02-753-2547

오리의 티룸을 소개합니다

　상쾌한 아침과 나른한 오후 그리고 조금 우울해지는 저녁 무렵에 내게 향긋한 시간을 내어주는 사랑스런 티 포트, 보고 있기만 해도 기분이 좋아지는 예쁜 찻잔들, 조금씩 쌓여가는 다양한 홍차 캔들 그리고 삼단 트레이까지.
　어느새 제법 많은 도구들이 갖춰져 집 안 한편에 든든하게 자리하고 있답니다. 티룸의 주인은 제가 아닌 이 도구들 같아요. 이 도구들이 나를 볼 때마다 말을 걸어오죠. "아직 잠이 깨지 않았나요? 잉글리시 브렉퍼스트, 어때요?", "많이 덥죠? 루피시아의 사쿠란보로 상큼하고 시원한 아이스 티를 만들어 볼래요?"
　이렇게 다정한 연인처럼, 편안한 친구처럼 나를 그들만의 방에 초대해 낭만적인 시간을 만들어주는 것 같아요. 작은 티룸은 그 어떤 '자기만의 방' 보다 더 편안하고 낭만적인 공간이랍니다. 여러분도 하나 둘씩 필요한 도구들이 갖춰지기 시작했다면 다른 그릇이나 도구들과 함께 그냥 부엌에 두지 말고 예쁜 티룸을 만들어 보세요. 작은 테이블 위에 혹은 책상 한편에 예쁜 테이블보를 펼쳐 놓고 그 위에 홍차 도구들을 모아두기만 해도 충분히 멋진 티룸이 되죠. 아마 도구들은 분명 여러분을 위한 작은 티타임을 만들기 위해 밤새 끊임없이 회의를 할 거예요.

Arrange the Tea Party

Tea Part.2

Happy My Tea Note

이름이 너무 어려워!

홍차의 브랜드는 정말 많습니다. 모든 홍차 제조 회사에서 다양한 연구를 통해 종류별로 수만 가지의 제품을 만들어내고 있으니 각각의 제품의 차이는 뭐고 어떤 것을 마셔야 할지 어렵기도 합니다. 물론 홍차를 사랑하는 사람들에게는 행복한 고민이 될 테지만, 이제 막 홍차의 세계에 발을 들여놓으신 분들은 살짝 머리가 아플 수도 있겠네요.

게다가 홍차의 이름은 또 왜 이렇게 길고 어려운지, 숍에 나열된 제품명을 보고 있어도, 블로거의 시음기를 읽으려 해도, 카페의 메뉴판을 들여다보고 있어도 머리가 아파옵니다. 저 역시 처음엔 마치 외계인의 언어를 보고 있는 것처럼 어지러웠으니까요.

하지만 어렵게 생각하실 필요 없습니다. 홍차는 크게 스트레이트 티Straight tea 와 플레이버리드 티Flavored tea(가향차)로 나눌 수 있답니다. 스트레이트 티란 원산지별로 분류된 차입니다. 같은 종류의 차나무 잎인데도 그 나무가 어느 지역에서 자라느냐에 따라 맛이 달라지죠. 맛이 다르니 다른 종류로 분류되는 것은 당연한 거겠죠. 우리가 흔히 알고 있는 다즐링, 아삼, 우바 등은 인도, 스리랑카, 중국 등

차나무가 자란 지역의 이름을 딴 것이랍니다. 대부분 홍차는 이렇게 생산된 지역의 이름을 그대로 따옵니다.

홍차를 즐기는 사람들이 조금은 강하고 쌉싸래한 본연의 맛에 향을 첨가하기 시작했습니다. 그렇게 탄생한 것이 바로 플레이버리드 티입니다. 향을 첨가하는 방법도 매우 다양해서 에센스를 첨가하기도 하고 감미료를 넣거나 꽃잎 혹은 말린 과육을 넣기도 하죠. 새로운 요소가 첨가되었으니 이름에도 이를 표시해야겠죠? 이름이 복잡하고 길지만 자세히 살펴보면 첨가된 향의 이름이 붙여진 것일 뿐입니다.

이렇게 차나무가 자란 지역의 언어로 붙여진 이름들에 다양한 방법으로 첨가된 향의 이름이 더해지면서 수많은 종류가 되었지만 그 갈래를 따라 처음으로 올라가면 결국 같은 차나무에 이른답니다. 그러니 많은 종류에 압도되어 너무 어렵다고 생각하지 말아주셨으면 해요.

  홍차는 결국 음료, 그냥 맛있게 드시는 것이 홍차 입장에서도 가장 행복한 일일 거예요. 차를 마신다고 해서 모든 홍차를 다 알 필요도 없고, 어렵게 공부해서 마신다고 인상을 찌푸리게 된다면 홍차가 주는 가장 큰 즐거움을 놓칠 수 있으니까요.

Ori's Tip

이름 안에 모든 정보가 있어요

'다즐링 퍼스트 플러시 마카이바리'라는 아주 긴 이름을 가진 홍차가 있습니다. 하지만 긴장하실 필요 없습니다. 이 아이는 스트레이트 티의 한 종류인 '다즐링'입니다. 수많은 다즐링 중 마카이바리 농원에서 3~4월에 처음 채취된 싱그러운 잎으로 만들어진 것이네요. 이 많은 정보를 어떻게 알았냐고요? 긴 이름 안에 그 비밀이 담겨 있답니다.

다즐링(종류) 인도 다즐링 지역에서 수확된 것으로
퍼스트 플러시(시기) 3~4월 중 처음 채취됐으며
마카이바리(재배농장) 그중 마카이바리 농원에서 수확된 것입니다.

그 이름도 우아한 카멜리아 시넨시스

카멜리아 시넨시스Camellia Sinensis라는 나무를 아시나요? 이름도 우아하고 신비롭죠? 이 차나무의 찻잎을 발효해 말린 것이 바로 홍차랍니다. 이 찻잎을 발효하느냐 발효하지 않느냐 혹은 발효를 언제 어떻게 하느냐에 따라 녹차, 홍차, 백차, 황차, 흑차, 청차 등으로 나뉘죠. 정말 고마운 나무죠? 카멜리아 시넨시스는 '중국의 동백나무'란 뜻인데, 중국에서 처음 자생했기 때문에 이러한 이름이 되었답니다.

차나무는 사철 푸른 잎을 가지는 상록수로 잎 둘레는 뾰족한 톱니모양의 형태를 하고 있고, 키가 작으며 하얀 꽃이 핍니다. 싱그러운 잎뿐만 아니라 솜털처럼 하얗게 피어나는 꽃향기는 또 얼마나 그윽한지 집 안에 차나무 화분을 두면 가을에 차꽃 향이 코를 간질일 겁니다. 차로 유명한 전라남도 보성 차밭에서도 이 카멜리아 시넨시스를 만나실 수 있답니다. 대개 사람들이 찻잎의 초록빛을 보기 위해 봄에 보성 녹차 밭을 찾곤 하는데, 가을에 한번 가보시면 만개한 하얀 꽃을 만날 수 있답니다.

차나무의 품종은 크게 소엽종과 대엽종으로 나뉩니다. 잎이 작은 소엽종은 중

Arrange the Tea Party 39

국과 일본, 우리나라에서 주로 재배되며, 중국 소엽종(Sinensis formabohea)이 대표적입니다. 소엽종이 대엽종에 비해 폴리페놀의 양이 적고 산화효소의 활성이 약하면서도 오묘한 맛이 나기 때문에 녹차를 만들기에 적합하죠.

대엽종으로는 인도 등지에서 재배되는 아삼종(Assamica)이 대표적이고, 중국 운남 지방에서 자생하는 중국 대엽종(Sinnensis forma macrophylla)도 유명합니다. 대엽종은 폴리페놀의 함량이 많고 산화효소의 활성이 강해 홍차에 주로 사용됩니다. 우리나라에서 홍차가 생산되지 않는 까닭은 소엽종 외의 다른 종의 차나무를 재배하는 것이 어렵기 때문이죠.

차나무는 습도가 높고 따뜻한 곳을 좋아한답니다. 홍차나 녹차가 주는 감미로운 휴식 시간에 어울리는 날씨를 즐기는 것 같죠? 연평균 기온 10~30도, 강우량 200~230cm, 해발 300~2,100m가 차나무가 가장 잘 자랄 수 있는 조건입니다. 이렇게 좋은 조건 속에서 차나무는 쑥쑥 높이 자랄 수 있지만 잎을 따기 쉽게 하기 위해 1미터 내외로 자라게끔 관리하는 것이랍니다.

제가 놀라운 비밀 한 가지 알려드릴까요? 차나무는 집안에서도 키울 수 있답니다! 와우~! 물론 차나무를 키운다고 해도 집에서 홍차를 만들 순 없지만(앞서 말씀드린 대로 집에서 키울 수 있는 것도 소엽종이기 때문이죠), 그래도 신선한 녹차는 조금의 수고를 들이면 맛볼 수 있죠. 차나무가 있는 창가에서 홍차 한잔 어떠세요?

자, 그럼 차나무를 키우기 위해서는 어떻게 해야 하는지 알아볼까요?

물론 씨앗을 구입해서 발아시킬 수도 있지만 아무래도 이건 기다림의 시간이 너무도 긴 조금 가혹한 방법이죠? 게다가 발아해서 싹을 틔우기도 엄청나게 힘들다고 하니 초보자들에게 이건 좀 무리가 따르는 것 같네요. 식물 키우기에 일가견이 있는 분들은 한번 시도해보셔도 좋을 것 같지만 저처럼 모든 식물을 시들게 하는 마법의 손을 가지고 있는 분들이라면 화분에 담긴 차나무를 구입하는 것이 좋을 것 같습니다. 큰 화원에서 그리고 인터넷에서도 구매가 가능하답니다.

도시 녹차밭 마다넷(www.madanet.co.kr)에서도 차나무를 화분으로 판매하고 있는데, 가격도 그리 비싸지 않습니다. 정원을 가지고 있는 분은 차나무 화단을 만들면 더 예쁘겠네요. 먼저 차나무가 집에 도착하면 화분에 듬뿍 물을 주세요. 그 다음부터는 물은 일주일에 한 번 정도 주시면 됩니다. 햇볕을 많이 필요로 하지 않는 반 음지 식물이므로 베란다가 아닌 거실이나 방에 두셔도 좋습니다. 햇볕은 가끔 쬐어 주시면 되고, 분갈이는 1년에 한 번 정도 조금 더 깊은 화분으로 옮겨주시면 됩니다. 만약 일주일 이상 외출하게 될 때는 물이 담긴 대야에 담가두고 가셔도 됩니다.

자, 이제 싱그러운 바람을 담은 차나무가 집안에 안착했네요. 가을에는 하얀 꽃을, 봄에는 싱그러운 새순을 여러분에게 선사할 거예요.

내가 키운 차나무로 즐기는 녹차 라떼

봄에 새순이 나면 그것을 따서 프라이팬에 넣고 2분 정도 약한 불에 볶아주세요. 그런 다음 믹서에 갈아 따뜻하게 데운 우유에 넣어주시면 너무너무 싱그러운 녹차 라떼가 완성된답니다.

 홍차나무가 자라는 나라들

실론티와 립톤의 영향으로 인해 우리는 홍차하면 인도양 어딘가에서 아름다운 석양에 물들어가는 실론 섬과 우아한 챙 모자를 쓰고 정원이 있는 야외 테라스에 앉아 홍차를 마시는 여인들이 있는 영국을 떠올립니다.

그래서 홍차를 가장 많이 생산하는 나라로 단연 영국과 스리랑카를 꼽죠. 하지만 그건 오산! 홍차 메뉴판의 거의 첫 페이지에 등장하는 다즐링, 아삼 등 홍차에 대해 잘 모르는 사람들조차도 알 만한 이 아이들이 태어난 곳 인도가 홍차를 가장 많이 생산하는 나라입니다. 땅이 넓은 만큼 차밭도 넓은 인도에서 전체 생산량의 40%에 육박하는 약 80~90만 톤의 홍차가 생산되고 있습니다.

실론티의 나라 스리랑카가 그 뒤를 잇고 있는데, 스리랑카의 수확량은 약 30만 톤 정도라고 합니다. 빨간 캔 속에 담겨있는 실론티를 아시죠? 실론은 스리랑카의 옛날 이름이죠. 스리랑카는 인도양의 진주라고도 불리는 아름다운 섬이에요. 찻주전자 끝에서 대롱대롱 매달려 있는 예쁜 물방울 모양 같은 모습을 한 스

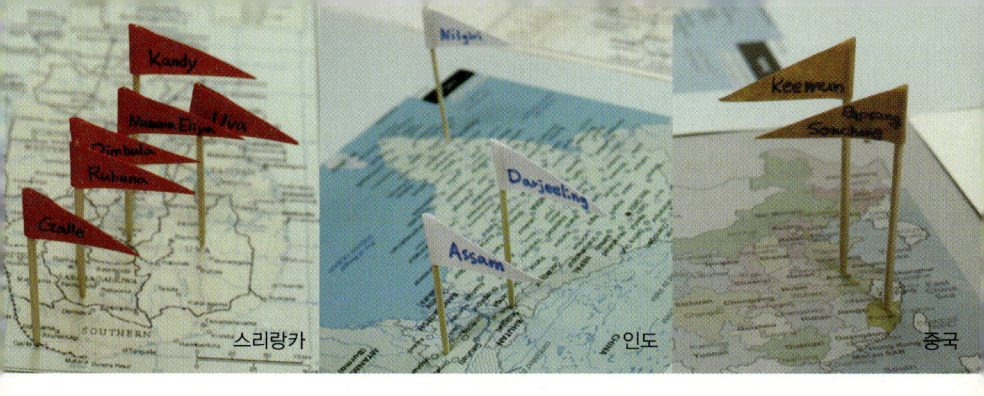

스리랑카 　　　　　　　　인도 　　　　　　　　중국

리랑카는 원래 커피를 주로 심었는데, 병충해로 인해 홍차의 섬으로 다시 태어났다고 합니다. 산지의 높이에 따라 로우 그로운Low Grown, 미디엄 그로운Midium Grown, 하이 그로운High Grown으로 나뉘며, 각각 높이에 따라 다양한 홍차가 재배됩니다.

　세 번째로 홍차를 많이 생산하는 나라는 어디일까요? 케냐입니다. 중국이 아닌 케냐라는 사실에 놀라셨죠? 케냐는 매년 25만 톤 정도의 홍차를 수확하고 있답니다. 생산량이 많은데도 케냐의 홍차가 우리에게 낯선 까닭은 20세기에 들어와서야 재배가 시작된데다, 생산된 홍차가 주로 블렌딩에 쓰이기 때문입니다. 인도나 스리랑카에 비해 품질이 좋은 홍차를 생산해 내지는 못하는 것이 실상이죠. 케냐의 홍차는 맛이 깊고 쌉싸래해 CTC로 많이 가공되는데 특히 우유와 잘 어울린답니다.

　그리고 홍차의 발상지인 중국이 네 번째로 많은 홍차를 생산하고 있습니다. 중국의 차 역사는 5,000년이 넘는데 그 긴 시간 동안 녹차, 홍차, 우롱차와 화차 같은 많은 차를 탄생시켰죠. 중국에서 홍차가 재배되는 곳은 안휘성과 복건성, 운남성 정도입니다.

　이 나라들 외에도 무수히 많은 나라에서 홍차를 재배하고 있습니다. 네팔, 방글라데시, 인도네시아, 터키, 베트남, 러시아, 이란, 파키스탄, 탄자니아, 르완다,

짐바브웨, 남아프리카 공화국 등이 홍차 생산국가로 이름을 당당히 올려놓고 있죠. 가까운 나라 일본에서도 홍차를 재배한다고 하니 한번쯤 가보고 싶네요.

영국 홍차 브랜드가 많은 이유

"어, 이상하다. 영국과 프랑스에서는 홍차를 수확하지 않는 걸까?" 하고 고개를 갸웃거리는 분이 있을지도 모르겠네요. 우리가 알고 있는 많은 홍차 브랜드가 영국과 프랑스의 것인데 홍차생산국에서 그 이름을 찾아볼 수 없군요.

홍차를 수확하는 것과 만드는 것은 다르답니다. 홍차나무가 자랄 수 있는 조건을 가진 축복받은 나라들로는 앞에서 살펴본 곳들이 전부랍니다. 그리고 우리에게 유명한 홍차 회사들은 이곳에서 수확한 홍차를 수입해 자신들만의 방식으로 제조하고 블렌딩 하여 다양한 상품을 선보이는 것이랍니다. 홍차를 수확하지 못하는 영국에서 유명한 브랜드들이 탄생하는 데에는 이러한 비결이 있는 것이죠.

누가누가 홍차를 많이 마시나?

그렇다면 홍차를 가장 많이 즐기는 나라는 어디일까요? 네, 인도랍니다. 가장 많이 홍차를 수확하고 있는 인도에서 소비량도 많은 것은 당연하겠죠. 인도는 거의 4만 여개의 다원에서 연간 85만 톤의 홍차를 생산하는 그야말로 홍차 대국이랍니다. 이렇게 많이 생산된 홍차의 3/4 정도를 국내에서 소비하고 있다니 엄청난 홍차소비국이죠? 인도사람들에게 홍차는 미국인에게 콜라와 같은 존재랍니다. 인도에서는 길에서도 짜이라는 인도식 밀크 티를 팔며, 쉬는 시간에는 거의 항상 홍차를 마신다고 해요.

그 다음으로 홍차를 많이 소비하는 나라는 러시아입니다. 러시아에서는 사모바르라는 금색 커다란 주전자에서 항상 차가 끓고 있어요. 추운 나라답게 차도 엄청 진하게 우리는데 그 진한 차에 새콤달콤한 과일 잼을 듬뿍 넣어서 마신답니다. 예전 홍대에 '딜마의 티룸'이 있을 때 멋도 모르고 러시아 캐러밴이라는 차를 시킨 적이 있어요. 정말 혀가 오그라들다 못해 목 뒤로 말려 내려가는 듯한 느낌이 들었었는데, 맛있는 잼을 넣으니 쓴맛이 사라지고 너무나 맛있고 새콤한 홍차로 변해 놀랐던 기억이 나요.

세 번째로 홍차를 많이 즐기는 나라는 바로 영국입니다. 연간 13만 톤 정도의 홍차를 소비하는 영국도 홍차 대국이라 할 수 있죠. 그런데 이 홍차소비량은 나라에 근거한 것이고, 1인당 차 소비량으로 따지면 영국(아일랜드 포함)이 가장 높다고 하네요.

우리나라의 경우 연간 소비량이 700톤도 되지 않아 1,000톤 단위로 측정하는 FAO(국제연합 식량농업 기구) 도표에 저소비국으로 표기되어 있습니다. 자, 이제 우리 모두 홍차를 많이 마셔서 도표에 이름을 올려보자고요!

🍵 홍차가 만들어지는 과정

향기로운 차나무의 잎들이 차가 될 준비를 마칠 즈음, 따스한 햇볕 아래 아름다운 아가씨들이 고운 손으로 찻잎을 땁니다. 그리고 이렇게 조심조심 딴 찻잎들은 다음의 세 가지 방식 중 하나를 거쳐 홍차로 바뀌게 되죠.

첫 번째로 재래 방식을 소개합니다!

일부 실론과 인도(다즐링과 일부 아삼), 중국, 인도네시아 등에서 주로 사용하는 방식으로 품질 좋은 홍차들은 대부분 재래 방식으로 만들어집니다. 재래 방식으로 만들어진 것을 어떻게 구별하느냐고요? 찻잎이 잎사귀 모양을 최대한 유지하고 있다면 재래식으로 만들어졌다고 보시면 됩니다.

찻잎을 약간 시들게 해서 수분을 줄이는 위조, 그리고 찻잎을 마구 비비는 유념의 과정을 거치면 찻잎의 세포가 파괴되어 산화 발효가 일어나죠. 비비는 과정을 통해 홍차 잎의 형태가 변하고 강도에 따라 맛도 바뀌게 됩니다. 이 발효의 과정이 홍차에게는 제일 중요한 관문인 셈이죠. 그리고 마지막으로 수분을 건조시키면 됩니다. 번거롭고 손이 많이 가지만 최고급 홍차를 생산하는 방법으로 아직도 엄격하게 유지되고 있습니다.

두 번째로 로터밴 방식을 소개합니다!

1958년 인도에서 로터밴이라는 기계를 개발했습니다. 유념과 발효의 과정이 로터밴 기계로 이루어져 그때부터 사람들이 일일이 손으로 찻잎을 비비지 않게 되었죠. 로터밴은 보다 많은 사람들이 차를 맛볼 수 있게 해준 일등 공신이라 할 수 있어요. 로터밴 방식으로 만든 차는 작게 분쇄되기 때문에 진하게 우러나와 우유를 타서 마시면 좋습니다. 티백 제품을 만들 때도 주로 이 방식으로 찻잎을 분쇄한답니다.

마지막으로 CTC 방식을 소개합니다!

CTC(crash tear curl)는 파쇄 절단 성형을 하는 기계로 만드는 방식입니다. 찻잎의 가공이 대부분 자동으로 이루어지는데, 이 과정을 통한 찻잎은 동그란 모양을 하고 있으며 매우 진하게 우러나오는 것이 특징이죠. 전 세계 홍차의 60%가 CTC 방식으로 만들어지는데, 특히 아프리카를 비롯한 신흥 홍차 생산지에서 주로 사용한답니다.

어휴, 요 작은 찻잎이 우리 손에 들어오기까지 얼마나 많은 고초를 겪었을지 생각하면 차 한 톨 차 한 모금이라도 함부로 대할 수 없을 것 같죠? 이렇게 수고롭게 만들어진 홍차를 제대로 우려서 마셔보자고요! 그게 바로 향긋한 티타임을 제공하는 홍차에 대한 작은 예의랍니다.

FOP! 암호의 정체

홍차를 구입하기 위해 라벨을 보면 홍차 이름, 제조사, 상미기한과 함께 암호 같은 글씨들이 적혀 있는 것을 볼 수 있어요. FOP, PS 등 간단하게 영어 약자로 써 있는 이것이 바로 홍차의 등급을 표시하는 것입니다. 등급이라고 해서 품질의 차이를 말하는 것이라기보다는 찻잎의 순서와 크기, 그리고 분쇄된 크기에 따른 구분이라고 보시는 것이 좋습니다.

차는 잎의 크기에 따라 우려내는 시간이 달라집니다. 잘게 자른 찻잎일수록 금세 우러나오므로 너무 오래 우리면 맛이 떫어지겠죠? 그래서 이 등급표시를 보는 것이랍니다. 등급표시를 통해 잎의 크기를 알 수 있으니 어느 정도 우려야 맛좋은 홍차를 즐길 수 있는지 알 수 있죠. 자, 그럼 먼저 찻잎에 따른 표시부터 알아볼까요?

FOP (Flowery Orange Pekoe)	차나무의 맨 위쪽에 돋아난 새싹(팁)을 말합니다. 어리고 부드러운 싹으로 만들어진 차는 맛이 얼마나 그윽하겠어요? 그래서 FOP 등급 표시가 있는 차를 최고급이라고 말하기도 합니다.
OP (Orange Pekoe)	FOP 아래에 있는 부드러운 첫 번째 잎으로 약간 길쭉합니다.
P(Pekoe)	말랑말랑한 두 번째 잎으로 잎사귀가 큰 것이 특징입니다.
PS (Pekoe Souchong)	맨 위쪽부터 따지며 네 번째 잎으로 나온 지 조금 지난 그래서 단단한 찻잎을 말합니다.
S(Souchong)	아래 가장 굵고 단단한 잎을 말합니다.

아마 지금쯤 고개를 갸웃하고 있는 분들이 있을 거예요. '앞에서 설명되지 않은, 하지만 분명 홍차 틴에 있는 긴 등급표시는 뭘까?' 하고요. GFOP, TGFOP, FTGFOP, SFTGFOP 등 최고급을 의미한다고 했던 FOP 앞에 하나씩 늘어나는 정체불명의 알파벳은 무엇을 의미하는 걸까요? 그 의미를 살펴보면 다음과 같아요.

    GFOP(Golden Flowery Orange Pekoe)
    FTGFOP(Finest Tippy Golden Flowery Orange Pekoe)
    SFTGFOP(Super Finest Tippy Golden Flowery Orange Pekoe)

'Golden', 'Finest', 'Super' 등 최고를 표현하는 단어들이 하나씩 늘어나고 있네요. FOP 앞에 최고를 뜻하는 단어들을 계속 붙여 '최고의 최고의 최고의… 최상급'을 만들어내고 있다고 소리치고 있는 거예요. 하지만 FOP 이상의 등급들에는 정확한 기준이 있는 것이 아니고 생산자가 그냥 붙이는 경우도 있기 때문에 너무 신경 쓰거나 여기에 현혹되실 필요는 없답니다. 특히 현지에서 직접 구입하실 때 이러한 말들에 현혹되지 않도록 주의하세요.

그럼 이번엔 가공에 따른 분류를 알아볼까요? 잎을 자르는 정도에 따라 크게 세 가지로 나뉘죠.

Whole leaf	잎을 자르지 않은 상태
B(Broken)	가늘게 자른 상태
F(Fannings), D(Dust)	브로큰보다 더 미세하게 자르거나 가루로 만든 상태

잎의 모양이 거의 그대로 살아있는 홀 리프Whole Leaf는 홍차가 지닌 맛과 향을 고스란히 즐길 수 있습니다. 대체로 품질 좋은 다즐링이나 아삼 등은 'Whole Leaf'랍니다. 하지만 'Whole Leaf'에 대한 별도의 표기는 없습니다. FOP, OP 등 찻잎의 등급표시만 되어 있을 경우 'Whole Leaf'로 된 것이라고 여기시면 됩니다.

브로큰Broken은 대개 찻잎을 1/2이나 1/4로 잘라서 가공한 것으로 잘린 잎의 길이는 보통 2~3mm 정도가 됩니다. FOP보다는 OP 이하 등급의 차들은 이렇게 잘라서 서로 섞어 팔기도 하죠. 'Broken'된 'Orange Pekoe'로 만든 차, 'BOP'라는 표시가 익숙한 것은 이 때문입니다.

그리고 1mm 이하로 잘게 부수어 자른 패닝스Fannings와 거의 분말 상태에 가까운 더스트Dust는 주로 티백에 사용됩니다. 이들은 찻잎의 등급과 함께 표시되는 경우는 거의 없습니다. 이유는 아시겠죠? 좋은 찻잎을 굳이 가루로 부술 이유는 없으니 F, D로 가공되는 것들은 그리 좋은 찻잎으로 만들어진 것은 아니라고 생각하시면 됩니다.

자, 암호 같던 알파벳들의 정체도 알았으니 이제 틴에 적혀있는 등급표시를 한번 읽어볼까요?

SFTGFOP
(Super Finest Tippy Golden Flowery Orange Pekoe)

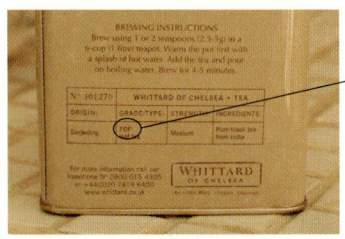

FOP(Flowery Orange Pekoe)

OP(Orange Pekoe)

P(Pekoe)

이름에 숨겨진 비밀

  '오렌지 페코'라는 말을 많이 들어보셨을 거예요. 유명한 온라인 홍차 카페의 이름이기도 하고, 실론 티 중 하나이기도 하죠. 왠지 오렌지 향이 담긴 홍차일 것 같지만, 그렇지 않답니다. 'Orange'는 과일 오렌지를 말하는 것이 아니에요. 최초로 홍차를 수입했던 네덜란드 상인의 이름에서 온 것이죠.

  그리고 'Pekoe'는 얼핏 들으면 영어 이름 같지만 사실 중국어인 '白毫(파이하우)'에서 유래된 것입니다. 중국 복건성의 차나무에서 재배된 것으로 만든 녹차로 '대백호'라는 것이 있습니다. 줄기 끝의 어린 잎만을 모아서 만든 것으로 이 어린 잎이 하얀 솜털로 둘러싸여 있어 백호 즉 하얀 털이라는 이름이 붙은 것이죠.

  '백호'는 "파크호"나 "파크하오" 같이 여러 가지로 발음되었는데 그중 복건성의 사투리인 "페호"로 발음된 것을 영국인들이 "페코"라고 잘못 듣게 되었고, 그것을 영어로 'pekoe'로 표기했죠.

  홍차 대국 영국의 위상을 다시 한 번 보여주는 대목입니다. 지금은 찻잎의 하얀 솜털은 '실버팁'으로 칭하고, 페코는 홍차의 상급품에 쓰이는 단어가 되었으니 말입니다.

홍차의 네 가지 골든 룰

첫 번째 골든 룰 물

맛있는 차의 첫 번째 조건은 바로 물이에요. 물에도 감정이 있답니다. 에모토 마사루라는 일본 학자의 말에 따르면 물은 육각형 형태가 되었을 때 사람 몸에 가장 이롭다고 합니다. 물에게 "감사합니다." 또는 "사랑해요."라는 말을 들려주었을 때와 "나빠, 미워."라고 말했을 때의 물의 결정 형태는 판이하게 다르다고 하네요. 단지 다른 말을 들려주었을 뿐인데 "감사합니다."라는 말을 건넨 물은 예쁜 육각형을, 미움의 말을 건넨 물은 일그러진 결정체 모양을 나타내었답니다. 다른 언어로 해도 비슷한 결과가 나타났다고 해요.

사람 몸의 70%는 물이니까 이 물에게 항상 고맙다고 말을 하고 마시면 항상 육각형의 물을 마실 수 있고, 그러면 내 몸의 70%가 아름다운 물의 결정으로 구성될 수 있으니 내 몸이 "고맙습니다."와 "사랑합니다."로 충만해질 수 있지 않을까요?

차를 만들 때 방금 받은 신선한 물에 항상 "감사합니다."라고 말해보세요. 어쩌면 물이 당신의 말을 듣고 예쁜 육각형이 되어 더 맛있는 차를 만들어 줄지도 모르니까요.

홍차의 99% 이상을 차지하는 물은 항상 신선한 물을 사용해야 한답니다. 경수과 연수에 대해서는 들어보셨죠? 홍차의 본고장인 영국은 경수를, 우리나라와 일본은 연수를 선호한다고 합니다. 경수는 마그네슘과 철분이 많이 들어 있어 홍차의 성분 중 하나인 탄닌과 결합해 짙은 색을 내게 된다고 해요. 향은 조금 약해지고요.

연수는 떫은맛이 조금 더 나고 물의 경도가 낮으면 차의 색이 흐려집니다. 어느 쪽 물이 좋은지는 각자의 취향에 따른 문제이지만 차가 연수에서 더 맛있게 우려진다고 많이들 이야기하죠.

두 번째로 물에서 중요한 것은 산소포화도입니다. 산소가 많이 있어야 차를 우릴 때 찻잎이 티 포트 안에서 점핑, 그러니까 차 속에서 오래 오래 유영을 하게 되어 맛있는 성분이 더 많이 나오게 된답니다. 그러니 흐르는 물을 사용하는 것이 좋고, 정수기물이나 생수를 이용할 경우엔 병을 살짝 흔들어 산소를 넣어주시면 좋습니다.

수돗물의 염소 냄새가 거슬리면 물이 거의 다 끓을 때 주전자 뚜껑을 살짝 열어주세요. 그러면 소독약 냄새가 사라진답니다.

홍차를 우리는 물은 팔팔 끓이셔야 해요. 물이 끓으면 물의 산성 성분이 날아가기 때문에 차가 가진 고유의 향과 색이 가장 잘 우러나올 수 있답니다. 한번 끓인 물은 다시 끓이거나 혹은 너무 오래 끓이지 마세요. 방금 받은 깨끗한 물을 팔팔 한번만 끓여주시면 됩니다.

두 번째 골든 룰 온도

물을 팔팔 끓였는데 찻잔과 티 포트가 차갑다면 온도가 뚝뚝 떨어지고 말겠죠? 홍차는 온도에 민감한 아이랍니다. 그래서 티 포트와 찻잔을 미리 데워두시는 게 정말 중요하죠. 홍차는 95~98℃ 정도의 온도에서 가지고 있는 맛있는 성분을 내놓는답니다. 물이 팔팔 끓었더라도 그릇이 차가우면 온도가 뚝뚝 떨어지고 말아요. 그러니 홍차를 끓일 때는 물을 두 번 끓인다고 생각하세요. 첫 번째 물은 예열용 물로 우러내기용! 티 포트와 찻잔에 90%까지 부어주세요. 그리고 차를 끓인 물이 거의 다 끓을 때쯤 담아나갈 티 포트에 물을 옮겨 담아주세요. 그런 다음 차를 따르기 전 뜨거운 물을 비워주시면 된답니다. 물론 스트레이너도 살짝 데워주면 더욱 좋고요.

뜨끈뜨끈한 잔 속에 또르르 홍차 방울이 떨어지면 희미한 연기가 몽글몽글 솟아오르는데 이 시간이 저에게는 가장 행복한 시간 중 하나입니다. 뜨거운 차를 입 안 가득 머금으면 온 몸이 따뜻해져 노곤노곤 녹아버리곤 한답니다.

사실 홍차는 뜨거울 때가 가장 맛있지만 2009년에 나온 의학저널에 따르면 70℃ 이상의 차를 반복해서 마시면 식도암에 걸릴 확률이 높아진다고 하네요. 슬프지만 따뜻한 차는 한모금만 마시고 온도가 70℃ 아래로 떨어질 때까지 조금 기다리세요. 더 오래 살면서 더 많은 차를 맛보는 즐거움을 위해서 말이죠.

세 번째 골든 룰 시간

세상에서 제일 시간이 느리게 가는 곳, 저에게 그곳은 비행기 안이랍니다. 밥 먹고 자고 또 밥 먹고 잤는데도 아직도 도착하지 않은 걸 깨달으면 속은 부글부

글 머리는 어질어질 다리는 달달 떨리죠. 그런 비행기 안에서 가장 즐거운 시간은 식사시간. "Tea or coffee?"라고 경쾌한 목소리로 묻는 단정한 스튜어디스에게 영어로 대답하는 게 어색해 모기만 한 소리로 "Tea."라고 말하고는 찻잔을 듭니다. 그런데 잠시 밥에 정신을 파는 동안 홍차를 너무 오래 우린 나머지 새까만 탕약 수준이 되고 말았어요. 소심한 저는 우유 달라는 소리는 하지도 못하고 그 쓴 차를 한 모금 마시고는 그냥 포기해버리고 말았답니다. 홍차를 우릴 때 이렇게 한눈을 팔게 되면 저처럼 까만 탕약을 만나게 됩니다.

홍차에게 시간은 홍차가 맛있어지는 마법의 시간이기도 하지만 우려내는 동안 절대 잊지 말아야할 순간이에요. 반드시 타이머나 시계를 가지고 홍차를 우리세요. 너무 짧게 우리면 홍차 본연의 맛이 다 나오지 못하기 때문에 3분 이상은 우리는 게 좋습니다. 보통 3분에서 5분 정도가 마법의 시간이지만, 이 홍차들이 또 각각 얼마나 성격들이 있는지 홍차별로 우리는 시간도 조금씩 다르답니다. 물론 차 캔 옆에 가장 좋은 시간이 대부분 적혀있으니 그걸 읽어보시고 그대로 하시면 됩니다.

그리고 각자 취향에 맞게 조금씩 달리해주시면 되요. 홍차를 즐기면서 각각의 홍차에 그리고 나에게 가장 적합한 시간을 알게 되면 좋겠죠. 골든 시간은 노력과 수많은 경험이 찾아줄 거예요.

네 번째 골든 룰 신선한 차

파스타면이 딱 맞게 익어가고 빨간 토마토소스가 자글자글 졸아들고 있을 때쯤 부엌 창가에서 싱그럽게 빛나고 있는 바질을 뚝뚝 끊어서 씻어준답니다. 방금 접시에 담은 파스타에 바질을 넣고 샐러드 위에도 얹어주면 너무나 싱싱하고 맛있는 점심식사가 완성되죠. 집에서 야채나 허브를 키워보신 분은 알겠지만 집에서 길러 갓 수확한 야채의 신선함은 다른 어떤 것에도 비할 수가 없답니다. 타샤

Arrange the Tea Party

튜터 할머니나 유명한 영국 요리사 제이미 올리버처럼 집 앞의 작은 텃밭에서 심은 야채들로 식사를 준비하는 게 제 작은 소망이기도 해요.

야채는 물론 우리가 먹게 되는 모든 식재료들이 그렇듯 가장 맛있는 차는 역시 가장 신선한 차예요. 홍차 캔의 옆면이나 아랫면을 보면 "언제까지 드세요."라는 상미기한이 표시되어 있죠. 물론 차는 건조식품이라 조금 지난 차를 마셔도 탈이 나는 건 아니지만 이왕이면 가장 맛있을 때에 모두 마셔주는 게 좋겠죠. 홍차의 상미기한은 제조일에서 보통 2년에서 3년 정도이니 차를 구입할 때도 가장 최근에 생산된 차가 어떤 것인지 확인하고 구매하시는 것이 좋답니다.

대개 영국이나 프랑스 브랜드 홍차들은 산지에서 생산된 차를 수입해서 블렌딩이나 가향 등의 제조를 한 후 다시 수출하는 방식이므로 유통을 하기까지 어느 정도 시간이 걸립니다. 그러니 산지에서 바로 가공해 포장을 하는 딜마 같은 브랜드의 홍차를 구입하는 것도 신선한 차를 마시는 방법 중 하나랍니다. 물론 산지에 가서 직접 구입해 마시는 것이 가장 좋겠지만요.

그리고 개봉한 차는 신선함을 잃지 않도록 소분하거나 밀봉하는 작은 노력과 수고를 기울여주세요. 반드시 당신의 노력에 보답하는 맛을 내줄 거예요.

찻잎을 보관하는 방법

예쁜 케이스에 안겨서 내 손에 온 홍차 캔! 반가운 마음에 짜잔 개봉을 하지만, 개봉하는 순간부터 향은 스멀스멀 빠져나가 버리고 맙니다.

브랜드별로 차가 포장된 방식 또한 많이 다르답니다. 향이 빠져나가지 않도록 신경 써서 3중으로 밀봉을 한 것도 있고, 그냥 캔에 담은 것도 있죠. 정도의 차이는 있겠지만, 어쨌든 향이 빠져나가 버린다는 사실은 크게 다르지 않습니다.

홍차의 상미기한(유효기한)은 그렇게 길지 않답니다. 물론 상미기한이 지난 홍차를 마신다고 해서 몸에 해가 되는 건 아니지만 그래도 향이 다 빠진 홍차는 안 마시느니만 못하죠. 뿐만 아니라 상미기한이 미처 다 지나지 않았다 하더라도 보관을 잘못하게 되면 홍차의 수명은 팍팍팍 짧아지고 말아요.

그렇다면 어떻게 보관해야 이 소중한 향을 오래 간직할 수 있을까요? 홍차는 대개 비닐봉지에 밀봉되어 캔 안에 들어 있어요. 그러니 우선 비닐을 뜯고 나면 항상 꽉 조여 두셔야 해요. 두 번 세 번 접어서 집게로 꽉 집어두면 좋겠죠? 개봉한 홍차를 빠른 시일 내에 다 드시지 못할 것 같으면, 적당량씩 나누어 은박 포장지에 담아 핸드실러로 꼭 집어두세요. 진공밀폐가 가능한 보관 용기에 넣어도 좋고요.

찻잎이 내 손에 도착하기까지 얼마나 많은 수고와 땀과 노력이 들어갔는지 잠시만 생각해본다면 끝까지 맛있게 마시지 않을 수 없을 거예요. 항상 맛있는 차를 내어주는 홍차에게 작은 예의를 갖춰 주자고요.

맛있는 홍차를 위한 레시피

향긋한 홍차 한잔 마시면서 남은 이야기들을 나눌까요? 이제 티룸도 갖춰졌고, 좋은 홍차를 즐기기 위한 기본적인 상식들도 알았으니 가장 중요한 실전에 들어갈 시간입니다. 아무리 좋은 홍차를 구입했다 하더라도, 앞서 말한 네 가지 골든 룰을 제대로 적용하지 못하면 여전히 떫고 쓴맛이 당신의 혀끝을 괴롭힐지도 몰라요. 자, 맛있는 홍차를 만드는 소중한 레시피가 여기 있습니다. 함께 기분 좋은 티타임을 즐겨보자고요(1인 기준입니다).

1 예열용 물을 끓이세요.

2 찻잔 1개와 티 포트 2개를 준비합니다.

3 물이 끓으면 티 포트와 잔에 뜨거운 물을 90% 이상 부어주세요.

4 그런 다음 차를 우릴 물을 끓여요.

5 우려내기용 티 포트에 예열용 물을 버리고, 찻잎을 넣은 후 뜨거운 물을 부어주세요.

6 찻잎에 따라 정해진 시간을 기다려주세요(기다리는 동안 티 포트에 살포시 티코지를 씌워주세요).

7 다른 티 포트와 잔에 담긴 뜨거운 물을 버리고 물기를 제거해 주세요.

8 티 포트에 스트레이너를 대고 찻잎을 걸러 주세요.

와~! 이제 맛있는 티타임을 가지면 됩니다.

홍차를 배울 수 있는 곳

딜마

딜마에서는 기본 과정과 고급 과정으로 홍차 교육을 운영하고 있어요. 제가 홍차를 배운 곳이기도 하지요. 딜마의 사장님이신 박정동 선생님과 김용목 티 마스터님에게 차근차근 기초부터 배워나갈 수 있는 좋은 곳이랍니다. 교육장과 이화여대 평생교육원 내의 교육과정이 따로 운영되고 있어요. 이화여대 평생교육원에서 교육과정을 확인해 볼 수 있답니다. 이화여대에서 기본 15주 과정을 듣고 나면 딜마 교육원에서 고급과정을 수강할 수 있죠. 모든 수업을 마치고 나면 교육수료증이 나오는데 보고 있으면 뿌듯하답니다.

딜마 dilmahshop.co.kr
이화여대 평생교육원 sce.ewha.ac.kr

티마인드

티마인드는 홍차뿐 아니라 다양한 차에 대해서 배울 수 있는 곳이에요. 물론 홍차에 대해서 따로 교육해 주기도 하고요. 프로그램도 매우 다양하니 본인에게 맞는 프로그램을 선택해서 즐기시면 된답니다. 티 컨설턴트 과정을 마치고 테스트를 통과하면 티마인드의 수료증이 나와요. 저도 조만간 꼭 배우러 가보고 싶은 곳이에요.

www.teamind.co.kr

이밖에도 홍차 브랜드나 홍차 카페에서 자체적으로 홍차에 대한 교육을 하는 곳이 조금씩 늘어나고 있어요. 혼자서 홍차를 배우는 것도 좋지만 여러 사람들과 함께 차를 마시면서 차에 대해서 이야기하는 건 차에 대한 즐거움이 배가되는 일이랍니다.

🫖 티백도 제대로 즐기면 맛있다

가족끼리 도란도란 모여 밥을 먹고서 과일과 함께 홍차를 마시는 게 조금씩 당연한 일상이 되어가고 있음에 행복함을 느끼는 저랍니다. 어느 날 시댁에서 맛난 저녁 식사를 마치고 티타임을 가지게 되었어요. 그런데 이럴 수가! 방금 막 물을 끓여 예열하고 티백을 잠깐 담가두었는데 어머니가 티백을 위아래로 퐁당퐁당 대여섯 번 하신 후에 티백을 쏙 빼서 다른 잔에 담그시는 모습을 보고 말았답니다. 홍차를 드리고는 제대로 마시는 법도 알려드리지 못한 제가 부끄럽고 너무 죄송하게 느껴졌어요.

제 친구들도 거의 그렇답니다. 티백을 담가 대충 색이 나왔다 싶으면 10~20초만에 티백을 빼버리거나 아니면 그대로 계속 담가 놓고 끝까지 마시는 이 두 가지 유형들뿐이죠.

티백 홍차가 잎차에 비해 다소 저가의 홍차 잎을 사용하는 경우가 많긴 하지만 그렇다고 티백 홍차가 맛이 없는 건 절대 아니랍니다. 만일 티백으로 즐긴 맛이 별로였다면 그건 티백을 제대로 우리지 않았기 때문이에요.

그럼 티백으로도 맛좋은 홍차를 즐기려면 어떻게 해야 할까요? 티백 홍차를

우릴 때에도 반드시 컵을 예열해 주셔야 해요. 그리고 티백을 먼저 넣고 그다음 뜨거운 물을 부어 주세요. 티백을 먼저 넣어야 티백이 물 위로 둥둥 뜨지 않아 홍차가 물속에서 제대로 우러날 수 있어요. 물의 양과 시간은 티백 포장지에 가장 맛있게 먹는 방법이 잘 나와 있으니 그대로 해주시면 됩니다. 그리고 주의사항! 티백을 흔들 때에는 위아래로 흔들어 홍차를 넣었다 뺐다 하지 말아주세요. 그건 마치 목욕탕에서 냉탕 온탕을 반복하는 것과 비슷한 일이랍니다. 티백을 담가 놓은 상태에서 옆으로 살살 흔들어 주시는 게 가장 좋아요.

   티백은 바쁜 생활 속에서 차를 쉽게 즐길 수 있게 해주는 정말 고마운 아이예요. 여러분도 티백 홍차를 제대로 우려 마신다면 바쁜 일상 속 작은 휴식을 만날 수 있을 거예요.

티백의 유래

티백의 역사는 이제 겨우 100년 남짓 되었어요. 2008년이 100주년 기념이었으니까요. 뉴욕의 차거래상이던 토머스 설리반은 차 고객들에게 샘플을 보내기로 했지요. 그런데 샘플 티를 보내는 데 너무 많은 돈을 쓸 수 없었던 토머스는 찻잎을 비단 주머니에 넣어서 보내기로 했답니다. 샘플 티를 받은 고객들이 잘 모르고 이 비단 주머니채로 담가 마신 게 바로 티백의 시작이죠. 이 간편함 덕분에 티백은 미국에서 선풍적인 인기를 얻었답니다. 처음에 영국에서는 티백을 인스턴트라고 비하하며 이용하지 않았지만 결국 지금은 영국에서 소비되는 차의 95%가 티백이라고 하네요.

티백의 재질도 비단에서 시작해 종이나 모슬린, 폴리에틸렌 등으로 다양해졌고 모양도 원형과 사각 그리고 피라미드 등 다양하답니다. 티백 포장지들도 브랜드별로 특색이 있고 모두 너무나 예뻐서 모아놓으면 한 폭의 그림 같아요. 매력적인 티백 홍차를 티백이라고 무시하지 말고 즐겁게 드셔보세요.

셀프 티백 만들기

친구들에게 홍차 한잔 권하고 싶을 때 티백을 선물해 보세요. 티백은 홍차를 즐기지 않는 친구에게도 부담스럽지 않게 홍차와 친해질 수 있는 계기를 만들어 준답니다.

그렇지만 고급 케이스에 담긴 비싼 티백이 아닌 그냥 티백을 주는 건 어쩐지 성의가 없게 느껴지기도 해요. 그리고 정작 내가 매력을 느낀 홍차가 티백으로 나오지 않은 경우들이 더 많기도 하고요.

자, 이럴 땐 요렇게 손으로 티백을 만들어 보세요. 손으로 직접 쓴 라벨에서 느껴지는 작은 정성이 친구의 티타임을 더 즐겁게 만들어 줄 거예요. 티백을 만드는 방법은 그리 어렵지 않아요. 다시백이나 거즈 천을 이용해 주면 된답니다. 다만 거즈 천으로 티백을 만들 때에는 거즈 천을 세 번 정도 겹쳐 놓고 잎이 큰 홍차를 넣어주어야 해요. 그래야 차의 찌꺼기가 잘 나오지 않아 홍차를 편하게 즐길 수 있으니까요. 그럼 한번 만들어 볼까요?

- **준비물**

거즈 천이나 다시백, 굵은 실, 라벨을 만들 종이, 홍차, 포장용 비닐

- **만드는 방법**

1 거즈 천이나 다시백을 준비하세요.
2 홍차를 2~3g 정도 넣어줍니다.
3 굵은 실로 윗부분을 꽉꽉 묶어주세요.

4 손으로 자른 라벨에 홍차 이름을 적은 다음 펀치로 예쁘게 오립니다.
5 라벨과 차가 담긴 티백을 실로 연결하세요.
6 비닐에 포장하면 완성입니다. 당장 마실 차가 아니라면 향이 날아가지 않도록, 한 번 더 밀봉해 주는 것이 좋겠죠?

브랜드별 홍차 정리 노트

홍차를 어디서 구해야 할까요? 사람들이 가장 많이 하는 질문 중 하나가 바로 홍차구입처에 대한 것입니다. 커피는 동네마다 하나쯤은 있는 유명 브랜드의 커피전문점이나 대형할인마트에서도 쉽게 구입할 수 있지만, 홍차는 홍차 전문 숍이 흔치 않은데다가 대형할인마트에서는 좀처럼 찾아볼 수 없으니 말입니다.

홍차는 직수입 매장과 백화점 등에서만 구입할 수 있습니다. 하지만 국내에 정식 수입되는 홍차의 종류가 그다지 많지 않은 편이고, 그 브랜드가 수입된다고 해도 해당 브랜드의 모든 차가 아닌 그중 5~10 종류 정도만 수입되고 있죠. 그래서 누군가의 블로그에서 시음기를 보고 "나도 한번 마셔볼까?" 싶어도 그 홍차를 구하기란 쉽지 않은 실정입니다.

게다가 더욱 슬픈 건 국내 홍차 시장의 규모가 작아 많이들 생겼다 사라지곤 한다는 사실입니다. 달콤한 향이 일품인 사쿠란보, 넵튠 등을 비롯해 다양한 종류의 플레이버리드 티를 선보이는 일본 브랜드 루피시아Lupicia를 직수입해 판매하던 '루피시아' 매장과 영국 홍차 전문점 '해로드Harrods', '포트넘 앤 메이슨 Fortnum &Mason' 등도 그렇게 사라졌답니다. 더 이상 매장이 사라지지 않게 많은 사람들이 홍차를 이용했으면 하는 것이 저의 바람입니다.

    우선 어떤 브랜드들이 있는지, 브랜드별 차이는 무엇인지 먼저 알아볼까요? 홍차 브랜드는 300여 개가 넘을 만큼 많아서 모두 다 소개할 수는 없고, 국내에 직수입되고 있어 구입할 수 있는 브랜드와 국내 자체 브랜드들 위주로 소개할게요. 구입할 수 있는 온라인 사이트도 함께 정리했습니다. 그리고 국내에는 수입되지 않았지만, 해외배송을 해주는 판매처를 통해 비교적 쉽게 구입할 수 있는 브랜드도 따로 정리했습니다. 자, 그럼 이제 즐거운 홍차 쇼핑을 시작해 볼까요?
(2010년 5월 기준입니다. 이후 문을 닫은 곳이 있을 수도 있으니 반드시 확인해보시기 바랍니다.)

홍차 구입 시 주의해야 할 것들

처음 홍차를 구입하시는 분들은 소분으로 구입해 조금씩 다양한 홍차를 접해보실 것을 권합니다. 소분으로 구매하기 어려우면 친구들과 함께 구매해서 나누는 것도 한 방법이죠. 다양한 홍차 중에 자신에게 맞는 것을 고를 때까지 여러 홍차를 마셔보는 것이 좋기 때문입니다.

홍차를 구입할 때는 딱 두 가지만 확인하시면 됩니다. 제조일자와 유통기한! 제조일자가 중요한 이유는 가장 맛좋은 홍차를 만나는 비밀이 그 안에 담겨 있기 때문입니다. 홍차는 제조가 된 후에도 계속 숙성이 일어나죠. 이 과정에서 떫은맛과 풋내가 조금씩 사라지고 그 자리에 깊고 그윽한 맛과 향이 자리한답니다. 그래서 제조된 지 한 달 정도 지난 것을 구입하는 것이 가장 좋답니다.

유통기한이 많이 남았다 하더라도 개봉 후 한 달 안에 소비하는 게 좋습니다. 그러니 너무 많은 용량을 한꺼번에 구매하는 것은 위험합니다. 좋은 차를 선물 받았다고 해서, 큰 맘 먹고 비싼 고급 홍차를 구입했다고 해서 너무 아끼면 안 된답니다.

국내에서 구입할 수 있는 해외브랜드

딜마 *Dilmah*

호주 브랜드인 딜마는 스리랑카 직배송으로 신선한 실론차를 공급하고 있습니다. 오랜 시간을 거쳐 가장 완벽한 방식으로 만들고 있다는 것을 내세울 만큼 맛에 대한 자부심이 대단하죠. 딜마의 홍차 중 가장 인기가 있는 것은 와테 시리즈입니다. 와테 시리즈는 란와테, 우다와테, 메다와테, 야타와테 이렇게 모두 네 가지인데 이들의 차이는 찻잎이 자라난 해발 고도에 따른 것입니다. 같은 다원에서 자란 찻잎도 어느 쪽 공기를 먹고 자랐느냐에 따라 각기 다른 맛과 향을 지닌다고 하니 이쯤 되면 홍차의 세계가 얼마나 오묘한지 가늠하실 수 있겠죠? 와테 시리즈뿐만 아니라 진한 실론 홍차를 비롯해 과일 홍차와 허브차 등 다양한 홍차가 수입되고 있으니 직접 느껴보시기 바랍니다.

국내 온라인 숍 www.dilmah.co.kr

로네펠트 *Ronnefeldt*

독일 브랜드인 로네펠트는 깔끔하고 단아한 맛이 일품입니다. "전 세계 특급호텔에는 반드시 로네펠트가 있다."라고 당당하게 말할 수 있을 만큼 그 품질을 세계적으로 인정받았죠. 진한 맛이 일품인 아삼과 다즐링 등의

스트레이트 차도, 달콤한 버번 바닐라나 부드러운 피치가든 등의 개성 있는 플레이버리드 티도 모두 인기랍니다. 특히 이름만큼이나 낭만적인 맛을 내는 '윈터드림'은 처음 접하시는 분들을 홍차의 세계로 완전히 빠져들게 하기에 충분히 매혹적인 홍차랍니다.

브랜드 직수입 홈페이지에서 이벤트의 하나로 테이스터를 모집해 새로운 제품의 시음기회를 제공하기도 하죠. 테이스터들은 커뮤니티란에 시음기를 쓰고 있으니 이들의 시음기를 읽는 것도 제품 선택에 큰 도움이 될 것입니다. 직수입 온라인 숍에서뿐만 아니라 현대백화점 수입식품점과 호텔 등에서도 만날 수 있습니다.

국내 온라인 숍 www.ronnefeldt.co.kr

웨지우드 Wedgwood

도자기로 더 유명한 웨지우드 사에서 내놓은 홍차로 독창적인 디자인과 색상의 티웨어가 먼저 홍차의 맛과 향을 말해주고 있습니다. 청량하고 은은한 크림 블루 색상의 티웨어는 끝까지 은은한 향이 지속되는 '퓨어 다즐링'의 맛을, 와일드 스트로베리 패턴이 화려한 티웨어는 아름다운 자연의 향이 고스란히 느껴지는 '화인 스트로베리티'의 맛을 상상하게 해주죠. 영롱한 루비색을 띠는 '피크닉'은 이름처럼 상쾌하여 오월의 햇살 한가운데 있는 기분을 선사합니다.

국내 온라인 숍 www.teanara.co.kr

트와이닝 Twinings

300년의 전통을 자랑하는 영국 홍차의 대표 브랜드로 빅토리아 여왕이 왕실 보증 차로 선정했을 만큼 명품 홍차입니다. 티백 홍차조차 평균 이상의 맛을 지녔다

고 평가될 정도죠. 전통적인 블렌디드 티가 특히 인기 있으며, 얼 그레이에 상큼한 레몬 향과 달콤한 꽃향기를 살짝 가미한 '레이디 그레이'도 권해드리고 싶은 차입니다.

'트와이닝 후르츠 인퓨전'은 홍차가 아닌 과일조각이 들어간 허브차인데, 홍차보다 조금은 쉽게 우려마실 수 있고 카페인도 없어 인기랍니다. 히비스커스가 들어가서 진분홍색으로 우러나는데 여름철 음료를 만들 때도 딱! 이죠.

국내 온라인 숍 www.teanara.co.kr

니나스 Ninas

프랑스 브랜드로 기문 홍차를 베이스로 다양한 종류의 플레이버리드 티를 생산하고 있습니다. 실크로드를 거쳐 건너온 중국의 홍차가 프랑스 특유의 낭만적 예술 취향을 만나 새롭게 탄생한 것이죠. 달콤한 과일과 꽃의 향을 담은 700여 종의 다양한 플레이버리드 티가 있는데 그야말로 프랑스 향수를 닮은 홍차라고 할 수 있습니다.

'니나스 브랜드'와 더불어 인기가 있는 것은 '쥬뗌므' 입니다. 사랑을 속삭이는 달콤한 이름처럼 향긋한 바닐라와 카라멜 향이 기분을 설레게 해줍니다. 새빨간 홍차통도 너무 예뻐 왠지 하나쯤은 갖춰놓고 싶은 욕심을 갖게 합니다. 온라인 숍에서 구입할 수 있는 것은 물론 남산에 티룸이 있으니 한번쯤 가보시는 것도 좋을 것입니다.

국내 온라인 숍 www.ninas.co.kr

임프라 *Impra*와 헤븐리 *Heavenly*

임프라와 헤븐리라는 두 가지 타이틀을 가지고 있어서 얼핏 다른 브랜드 같지만 둘 다 뿌리가 같은 회사의 홍차입니다. 실론 100%를 지향하고 있는 스리랑카 홍차 브랜드 임프라와 헤븐리는 가격대도 저렴해서 쉽게 만날 수 있죠. 스트레이트 티는 잎차로, 플레이버리드 티는 티백 제품으로 구성되어 있는데, 개별 포장이 조금 허술한 편이니 임프라나 헤븐리의 티백을 구입하셨다면 한 번 더 밀봉해서 보관하시는 게 좋습니다.

국내 온라인 숍 www.icocojean.com

레볼루션 *Revolution*

티백 제품만 생산되고 있는 미국 브랜드입니다. 티백이라고는 하지만 프리미엄 찻잎만으로 만들어져 맛은 여느 티백과 비교할 수 없을 정도로 좋습니다. 삼각형 모양의 실크 티백과 예쁜 포장의 디자인으로 사랑받고 있죠. 특히 '골든 플라워', '써던 민트', '화이트 탠저린', '허니부쉬 카라멜', '시트러스 스파이스' 등 대표적인 다섯 가지의 차가 개별 포장되어 고급스런 우드케이스에 담긴 '레볼루션 허브 우드 세트'는 선물용으로도 그만이랍니다.

국내 온라인 숍 www.cafe105.co.kr

티포르테 *Tea forte*

유명한 삼각 피라미드 티백이 바로 티포르테의 것입니다. 이것 역시 미국 브랜드인데, 우아한 실크 소재 인퓨저와 독특한 디자인에서 예상할 수 있긴 하지만 가격이 비싼 편이긴 합니다. 하나하나 정성껏 만든 핸드 메이드 제품인데다 피라미드 모양의 티백 안에 충분한 공간이 있도록 만들어져 티백이지만 차가 잘 우러나도록 고안되었답니다. 찻물이 다 우러나오고 물에 충분히 담겨도 끝까지 그 우아한 모양을 유지하는 모습이 참 도도합니다.

바닐라 향이 살짝 가미된 '아프리카 솔스티스'와 '카모마일 티세인' 등 허브 블렌디드 티가 특히 유명하죠. 세계 7성급 호텔 등 최고의 장소에서만 만날 수 있던 티포르테. 소중한 분에게 선물용으로도 그만이랍니다.

국내 온라인 숍 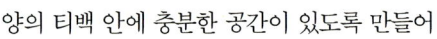 www.teaforte.kr

하니 앤 손스 *Harneynsons*

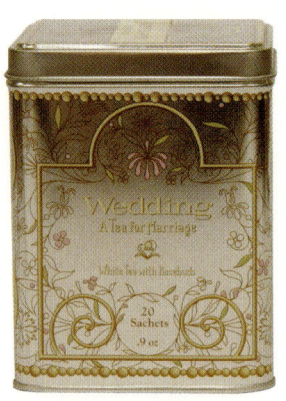

부드럽고 순한 맛으로 홍차 입문자들에게 특히 인기 있는 미국 브랜드 홍차입니다. 존 하니 씨와 그 아들들이 운영하는 곳이죠. 1983년에 오픈해, 비교적 짧은 기간 동안 많은 팬들을 가지게 되었습니다.

하니 앤 손스의 제품은 사체라는 피라미드형 티백과 일반 티백 그리고 잎차로 구성되어 있는데, 케이스마다 색깔과 문양이 달라 인기랍니다. 특히 은색에 예쁜 문양이 있는 '웨딩'이 유명하죠. 웨딩드레스처럼 아름다운 은색의 꽃 패턴이 수놓인 케이스를 열면 하얀 면사포를 쓴 것 같은 피라미드형 실크 티백이 다소곳하게 앉아 있답니다. 웨딩 티는 백차 94%로 이루어졌는데, 백차는 솜털이 덮인 차의 어린 싹을 닦거나 비비지 않고 그대로 건조시켜 만든 것입니다. 그래서 차에서 은색의 광택이 나고, 향기가 맑답니다. 최근 백차가 다이어트와 피부미용에 좋다고 하여 더욱 인기죠.

하니 앤 손스에서는 티 메이트라는 프로그램을 운영하고 있으니 신청기간에 신청하셔서 하니 앤 손스의 홍차를 받아서 드셔보세요. 그리고 국내에 수입되는 것 외에 다른 종류의 하니 앤 손스 홍차를 맛보고 싶은 분은 미국 본사로 주문을 넣으시면 직배송이 가능하답니다.

국내 온라인 숍 www.harneynsons.co.kr

직배송 www.harney.com

압끼빠산트 Aap ki pasand

인도의 홍차 브랜드로 저가부터 고가까지 다양한 다즐링을 판매하고 있으며, 스트레이트 티는 물론 블렌딩 한 홍차도 만날 수 있습니다. 처음 홍차를 접하는 사람들에게 주로 권하는 다즐링 중 하나가 '압끼빠산트 섬머팁' 입니다. 압끼빠산트에서 나오는 다즐링 제품 중 가장 대중적인 등급이기도 한 이 제품은 여러 시즌에 수확된 다즐링을 블렌딩 한 것이죠.

다즐링 특유의 세 시즌의 특징을 잘 살려 놓은 시즌 블렌디드 티인 '다즐링 영 버드 시리즈'와 고급 다즐링을 모슬린 천에 일일이 바느질하여 만든 수제 티백 역시 인기상품입니다.

국내 온라인 숍 www.happyteashop.com/shop

아크바 Akbar

아크바는 스리랑카에서 가장 수출량이 많은 홍차 브랜드입니다. 전 세계 80개 국에 수출되고 있는 대중적인 브랜드죠. 100년의 역사를 가지고 있는 아크바는 틴과 일반 티백 그리고 피라미드 티백 형태의 홍차와 허브차를 판매하고 있습니다. 가격대도 높지 않아 맛보시기에 부담이 없을 겁니다.

과일 향 티백의 경우 세트로 묶어서 판매하기도 하죠. 매년 열리는 티월드 페스티벌에 거의 항상 참가하는 브랜드이니 페스티벌에서 시음해본 후 구입하셔도 좋습니다. 홍차에 녹차와 장미, 쟈스민과 해바라기 꽃을 블렌딩 한 '오리엔트 블렌드' 는 특히 동양인들에게 인기 있는 제품입니다.

국내 온라인 숍 www.akbar.kr

마리아주 프레르 Mariage Freres

프랑스의 대표적 홍차인 마리아주 프레르가 수입된 것은 그리 오래 되지 않았습니다. 유럽이나 옆 나라 일본으로 여행을 갈 때 한번쯤은 들렀던 마리아주 프레르 숍. 우리나라에 수입된다는 소식은 홍차를 사랑하는 사람이라면 누구에게나 여간 기쁜 소식이 아니었겠죠? 마리아주 프레르의 제품 중에서는 '마르코 폴로'와 '웨딩 임페리얼'이 특히 인기입니다.

현재 온라인 숍 '프랑스티'에서 판매하고 있는데, 더 많은 종류의 마리아주 홍차를 만나고 싶다면 가까운 일본 매장이나 프랑스에서 직배송 해주는 프랑스 카페 홈페이지를 이용하시면 된답니다. 더 많은 프랑스 홍차들이 빨리 국내에 들어와 파리지앵 같은 낭만적인 일상의 향취를 느끼게 해주었으면 좋겠습니다. 수입된 마리아주 프레르는 신세계 백화점 강남점에서도 구입할 수 있습니다.

계절별로 한정 홍차를 준비하기도 하는데, 가격은 조금 높은 편이지만 틴도 평소와 다르고 신선하기 때문에 소장가치가 높답니다.

국내 온라인 숍 www.francetea.com
해외 온라인 숍 www.furansunocafe.com
직배송 www.mariagefreres.com

아마드 Ahmad와 테일러 오브 헤로게이트 Taylors of harrogate

모두 기본적인 맛을 유지하고 있는 영국 브랜드로 아마드는 비교적 저렴한 가격으로 만날 수 있답니다. 그중 아마드의 얼 그레이와 테일러 오브 헤로게이트의 아삼은 특히 인기죠. 같은 곳에서 수입하여 판매하고 있는데, 이곳에서 허브 블렌디드 티로 유명한 베티나르디 Bettynardi도 판매하고 있답니다.

국내 온라인 숍 www.ahmadtea.co.kr

포숑 Fauchon

1886년에 오귀스트 포숑이 만든 고급 식료품점이 시초였던 포숑은 다른 산지의 차를 혼합한 홍차 브랜드의 선구자 역할을 한 곳이기도 합니다.

가장 유명한 홍차는 플레이버리드 티인 애플 티로 스리랑카산 차에 1% 미만의 사과 향을 첨가해 만들어진다고 합니다. 찻잎의 향이 사과 향을 감싸는 듯해 중후하면서도 향긋한 느낌이 나죠. 하지만 이 맛을 제대로 즐기기 위해서는 주의해야 할 사항들이 있습니다. 찻잎이 매우 작은 패닝급이기 때문에 차를 우리는 시간이나 차의 양을 다른 차와 달리 조금 짧게 그리고 조금 적게 조절해야 한다는 것입니다.

일본에서는 백화점 매장에 위치한 포숑에서 부티크를 운영하고 있기도 합니다. 전 세계에 800여 개의 부티크가 있다고 하니 한번쯤 방문해 보세요. 국내 온라인 숍에서 구입할 수 있으며, 프랑스 해외 배송 사이트를 통해 더 많은 종류를 만날 수도 있습니다. 계절별 한정 홍차도 준비되어 있답니다.

국내 온라인 숍 www.francetea.com

쿠스미 *Kusmi*

러시아 브랜드인 쿠스미는 납작한 캔에 러시아풍의 문양이 듬뿍 들어가 있는 매력적인 홍차 브랜드입니다. 1867년에 쿠스미 쵸프 씨가 러시아에서 창립한 회사인데, 러시아 황실에 납품할 만큼 고급차를 사용하기로 유명합니다. 플레이버리드 티 종류가 유명해 향기를 사랑하는 프랑스에서 특히 인기 있는 브랜드이기도 하죠. 국내에도 적은 종류가 수입되고 있는데, 러시아 마지막 황녀의 이름을 딴 '아나스타샤'가 인기랍니다.

국내 온라인 숍 www.francetea.com

카렐 *Karel*

귀여운 케이스와 예쁜 다구로 유명한 카렐 차펙입니다. 바찌라고 하는 꿀벌이 카렐의 캐릭터인데, 일러스트레이터인 야마다 우타코 씨가 운영하는 홍차 브랜드죠. 케이스의 그림이 매번 바뀌기 때문에 구매에 상당한 충동을 느끼게 하는 브랜드이기도 합니다. 일본 내에 8개의 매장이 있는데 한번 가면 정신줄을 놓고 차와 다구를 담게 되죠. 국내에서도 10여 개 내외의 홍차를 만나실 수 있습니다.

국내 온라인 숍 www.karel-capek.com
해외 직배송 www.karelcapek.co.jp

국내 자체 브랜드

티뮤지엄 *Teamuseum*

　티뮤지엄은 롯데 백화점에 입점해 있는 국내 브랜드입니다. 일본 도쿄에도 런칭한 인기 있는 브랜드죠. 노란 타원형 케이스에 예쁜 일러스트가 사랑스러운 홍차 브랜드이지만 가격은 솔직히 사랑스럽지는 않답니다.

　신사동 본점에 가면 고풍스런 다구들도 함께 만날 수 있어요. 미니세트가 매우 앙증맞게 구성되어 있죠. 종류도 매우 다양하니 한번쯤 방문해보시는 것도 좋을 것 같아요. 패키지와 포장이 훌륭해 선물용으로 좋답니다.

온라인 숍　www.teamuseum.co.kr

다질리언 *darjeelian*

　인도에서 생산되는 홍차인 다즐링에 사람을 의미하는 어언을 붙여 만들어진 다질리언은 국내 브랜드입니다. 품질 좋은 홍차를 수입해 국내에서 블렌딩 하여 판매하고 있죠. 다즐링과 플레이버리드 티 그리고 과일, 허브티 등 다양한 종류는 물론, 빈티지 홍차를 선보이고 있답니다. 빈티지라는 말은 와인에서 비롯된 것으로 하나의 다원에서 한 수확기에 생산한 찻잎으로만 만든 최고급 스트레이트 티를 말하죠. 그래서 빈티지 티에는 일반 홍차에는 없는 다원 이름, 수확기, 찻잎의 등급 구분이 명시되어 있습니다. 커피 향과 초콜릿 그리고 과일 향을 블렌딩 한 '모카 마주르카'도 다질리언의 인기 상품입니다.

온라인 숍　www.darjeelian.com

브리즈 Brise

브리즈는 프랑스어로 산들바람이란 뜻으로 이름은 콧소리 가득한 프랑스어로 지어졌지만 우리나라 자체 브랜드랍니다. 일본의 홍차 브랜드인 '차노유'와 제휴해 품질 좋은 차를 제공해 주는데, 홍차뿐만 아니라 녹차와 허브차까지 다양한 종류를 구비하고 있답니다. 차에 대한 이해를 돕기 위한 세미나도 개최하고 있으니 기회가 된다면 참가해 보세요. '마리나 드 부르봉'처럼 책 모양의 틴으로도 유명한 귀여운 브랜드입니다.

온라인 숍   www.brise.co.kr

수입되지 않지만 직배송이나 해외 구매 대행을 통해 구입이 가능한 브랜드

루피시아 Lupicia

국내에도 오픈해 홍차를 보다 쉽게 즐길 수 있게 해주었던 루피시아는 2009년 10월 아쉽게도 국내 영업을 종료했습니다. 루피시아는 일본 브랜드로 홍차와 녹차, 우롱차에 이르기까지 종류가 매우 다양하죠. 스트레이트 티도 농장별로 세분화 되어 있고, 플레이버리드 티도 종류가 많아 매장을 방문하면 무엇을 사야할지 고민에 빠지게 만드는 브랜드랍니다.

일본 내에서는 곳곳에 매장이 있으니 일본 여행을 가게 되면 여행 중 자주 만날 수 있을 거예요. 크리스마스 한정으로 판매하는 요구르트 향이 물씬 나는 '징

글벨'과 버찌 향이 솔솔 풍기는 '사쿠란보'도 인기랍니다. 일본 음식처럼 깔끔하고 순한 스타일의 홍차가 많은 루피시아는 시각을 중시하는 일본답게 홍차 잎에도 시각적인 재미를 더해놓았죠. 라벨마저도 귀여운데, '쁘띠틴'이라는 작은 틴은 한번쯤 가지고 싶은 스타일이랍니다.

직배송 www.lupicia.com/entry

마리나 드 부르봉 *Marina de bourbon*

차의 이름들도 모두 프랑스어로 되어 있어서 얼핏 프랑스 브랜드라고 생각할 수도 있지만 마리나 드 부르봉은 일본 브랜드입니다. 울트라 마린블루와 화이트의 스트라이프로 만들어진 틴이 시선을 사로잡는데, 지점마다 고유의 홍차를 가지고 있는 것이 특징입니다. 또한 한정판을 좋아하는 일본인들의 취향에 맞춰 많은 종류의 한정 홍차를 판매하고 있답니다.

화려하게 꽃을 블렌딩 한 플레이버리드 티가 특히 인기 있는데, 딸기 카라멜 향의 '베가'가 그중 유명합니다. 마리나 드 부르봉은 해외 직배송을 하지 않으므로 구매 대행을 이용하셔야 합니다.

홈페이지 www.marina-de-bourbon.com

베노아 *Benoist*

영국의 홍차 브랜드인 베노아는 19세기 프랑스 요리사인 베노아가 영국에서 문을 연 고급 식재료점에서 시작한 브랜드입니다. 일본 영화 〈전차남〉을 통해 유명세를 탄 베노아는 영국 황실에 납품하는 홍차로도 유명하죠. 가장 인기 있는 것은 애플 티인데 사과의 말린 과육이 들어간 상큼하고 맑은 스타일로 많은 사랑을 받고 있답니다. 하지만 플레이버리드 티보다는 스트레이트 티 위주로 판매하며 종류는 그다지 많지 않습니다. 일본의 긴자 매장에서는 티룸도 운영하고 있답니다.

일본 내 배송은 가능하지만 해외 배송은 하지 않으므로 구매 대행을 통해 구입하거나, 영국이나 일본에 여행 갈 경우 매장에 직접 찾아가 구매해야 하는 번거로움이 있답니다.

일본 내 온라인 숍 www.benoist.co.jp

Ori's Tip

알아두면 좋은 곳!

티숍 레드 앤 그린
아마드, 웨지우드, 트와이닝스, 테일러 오브 헤로게이트, 다질리언 등 다양한 브랜드의 홍차가 골고루 갖춰져 있는 온라인 숍입니다. 50g부터 소분하여 판매하고 있으며 여러 종류 홍차의 기호별 샘플러 티백을 하나에 묶어 판매하고 있어 홍차를 시작하는 사람들에게 유용합니다.
홈페이지 www.teashopredandgreen.com

Travel for the Tea 홍차 일본 여행

국내에서 구입할 수 없는 홍차들은 해외배송을 통해 구할 수 있긴 하지만 매장에 가서 직접 시향해보고 사는 것만 한가요? 게다가 직접 구입할 때는 조금씩 주는 샘플을 얻는 재미까지 쏠쏠하잖아요. 그래서 저는 가끔 일본에 가서 홍차 쇼핑을 즐긴답니다.
홍차를 사랑하는 분들처럼 저 역시 인도에 가서 짜이왈라가 가져다주는 짜이도 마셔보고 싶고, 영국이나 프랑스의 예쁜 티룸에도 가보고 싶지만 그곳들은 한번 발걸음하기가 쉽지 않은 곳들이니 다음을 기약하죠. 일본 역시 차를 좋아하는 나라답게 다양한 홍차 브랜드들이 입점 되어 있어요. 각 브랜드의 홍차에서 티룸을 운영하는 경우도 많아서 재미있고 맛있게 홍차 여행을 즐길 수 있죠. 디저트 문화도 상당히 발달해 있어 한번 가면 살이 듬뿍듬뿍 올라서 돌아오게 된답니다. 처음 일본에 갔을 때는 매장 하나 찾는 데도 한 시간이 꼬박 걸리는 미로 찾기 여행이었지만 이젠 자주 가는 곳은 척척 단번에 갈 수 있게 되었답니다.
일본에서 홍차를 구입할 때 "캔? 혹은 봉투?"라는 질문을 거의 매번 들으실 거예요. 캔으로 구매하게 되면 200~400엔 정도의 캔 가격을 별도로 더 지불해야 해요. 그러니 가볍게 홍차만 구입하고 무게 걱정 없이 쇼핑을 즐기고 싶으신 분들은 봉투로 구입하시면 되고, 저처럼 홍차 캔 모으는 걸 좋아하는 분들은 무거운 캔을 덜그럭거리면서 하루 종일 들고 다니는 수고쯤은 감수 하시면 됩니다.
도쿄에서 홍차를 구입할 수 있는 곳을 몇 군데 소개해 드릴게요. 즐거운 홍차 여행을 다녀오세요. 아, 일본의 홍차 가게나 티룸들은 대개 8시쯤에 문을 닫으니까 일찍 방문해야 한다는 것도 잊지 마시고요.

도쿄의 홍차 숍과 티룸

마리아주 프레르

마리아주 프레르 매장은 긴자에 본점이 있습니다. 역에서 멀지 않아 찾기도 쉽죠. 1층은 부티크, 2층과 3층은 살롱으로 되어 있는데, 굉장히 빈티지하고 차분한 느낌이랍니다. 1층 부티크에는 각종 다구가 전시되어 있어서 보는 재미도 상당해요.

긴자점에는 프랑스인으로 보이는 외국분이 점원으로 있어서 이국적인 느낌까지 난답니다. 계산할 때마다 시즌 홍차를 추천하시는데 도저히 거부하지 못하고 같이 구입하게 만드는 무서운 판매력을 가진 점원도 있었죠.

제가 갔을 때에는 유리로 만들어진 사모바르가 있었는데, 너무 예뻐서 눈을 뗄 수가 없었지만 가격이 무려 30만 엔 정도인데다 유리세공품을 가져갈 수도 없었기 때문에 침만 줄줄 흘렸던 기억이 나네요. 긴자의 본점 외에도 마리아주 프레르 매장은 신주쿠에 부티크와 살롱이 있고, 이케부쿠로의 세이부 백화점 지하에도 있습니다.

베노아

긴자의 마츠자카야 백화점에서 베노아를 만날 수 있답니다. 티룸과 숍을 따로 운영하고 있죠. 지하 매장에 숍이 있고, 백화점 4층에 클래식하고 고풍스런 분위기를 자아내는 티룸이 있습니

다. 영화 〈전차남〉 촬영장소로 유명한 베노아의 티룸은 클래식한 분위기를 좋아하는 분들에게 특히 인기가 있는 곳이랍니다.

이곳에서는 애프터눈 티 세트가 유명한데, 삼단 트레이에 샌드위치와 스콘, 조각케이크가 나오죠. 스콘 역시 유난히 담백하고 맛있답니다. 이곳에서 즐기는 오후의 홍차는 여행의 색다른 즐거움으로 남을 거예요.

루피시아

일본의 홍차 브랜드인 루피시아는 도쿄뿐 아니라 지역 곳곳에 많은 매장을 가지고 있습니다. 도쿄에만 20여 개의 숍이 있죠. 제가 방문한 곳은 지유가오카점이었습니다. 이곳이 본점이죠. 본점

답게 규모도 크고 정말 많은 종류의 홍차를 구비해 놓고 있답니다. 2층에는 티룸이 있는데 분위기가 루피시아 홍차와 닮았습니다. 깔끔하고 화사한 느낌이랄까요? 햇빛이 많이 들어와 오후의 기분을 상쾌하게 해준답니다.

지유가오카에는 루피시아 매장 외에도 '와타시노 헤야'나 '콰트로 세종' 같은 예쁜 잡화점이 많아서 다구를 장만하기에도 최적의 장소랍니다. 그래서 저는 여행일정을 잡을 때 지유가오카를 제일 마지막에 넣죠. 즐겁게 쇼핑을 마치고 바로 숙소로 돌아갈 수 있도록 말이죠. 들고 다니기 힘들 정도로 많은 물건을 사버리게 하는 무서운 곳이거든요.

마리나 드 부르봉

짙은 남색의 커다란 홍차통과 남색과 흰색의 스트라이프가 너무나 매력적인 마리나 드 부르봉은 에비스에서 만날 수 있어요. 에비스역에서 내리면 역 바로 위가 아트레라는 쇼핑몰인데, 이곳 식품 매장에 위치해 있답니다.

점원 언니가 친절하게 이것저것 권해주었지만 일본어 실력이 모자라서 그냥 알아들은 척 고개만 끄덕거리고 있었어요. 아카사카에 위치한 엑셀 도큐 호텔 2층에서도 마리나 드 부르봉을 만나볼 수 있는데 이곳이 규모는 조금 더 큰 편입니다.

실버팟

이케부쿠로에서 한참 걸어야 갈 수 있는 굉장히 찾기 힘든 숍입니다. 가정집을 개조해 무심코 지나칠 수 있을 정도로 얼핏 봐서는 이곳이 숍인지 알 수가 없답니다. 굉장히 한적하고 고즈넉한 기분이 드는 곳이죠.

하지만 아쉽게도 일주일에 딱 한번 목요일에만 오픈한다고 하니 짧은 여행 코스에 넣기에는 조금 무리가 있는 곳이긴 합니다. 그래도 시간에 여유가 있는 분들은 한번 찾아가보시길 권합니다.

쟈넷

도쿄에서 조금 떨어진 곳에 있는 요코하마는 정말 볼거리가 많은 곳이죠. 모토마치 상점가를 걸어가다 보면 너무 예쁜 앤티크 가게들이 곳곳에 위치해 있고, 홍차를 파는 곳도 두 군데 있죠. 라 떼이에La Theiere와 나카야가 바로 그곳입니다.

나카야는 각종 브랜드의 틴과 티백을 저렴하게 판매하고 있고, 라 떼이에서는 쟈넷의 홍차를 판매하고 있답니다. 로네펠트도 같이 입점해 있고요. 그람별로 덜어서 판매하는데 2층에는 티룸도 운영되고 있어요.

요코하마에 가면 월드 포터스의 지하 매장에도 들러보세요. 각종 브랜드의 홍차를 모아 판매하고 있어서 돌아다니는 게 번거로우신 분들에게 좋을 거예요.

포숑

신주쿠에 있는 호텔에 짐을 내리자마자 쏜살같이 다시 신주쿠역으로 달려간답니다. 왜냐구요? 신주쿠역 근처 다케시마야 백화점에 들어가면 핫핑크와 검정이 반짝반짝 빛나는 포숑의 티룸이 있기 때문입니다. 1층에는 티룸이 있고 지하에는 홍차를 판매하는 숍이 따로 위치해 있어요.

카렐

카렐은 일본 곳곳에 작은 매장이 있어요. 제가 방문했던 곳은 키치죠지와 지유가오카에 위치한 숍이었어요. 지유가오카에는 '트레인치'라는 잡화점들이 모여 있는 작은 상가가 있는데, 그곳 2층에 자리 잡고 있습니다. 홍차뿐만 아니라 너무 예쁜 잡화들이 많아 어느 순간 나도 모르게 지갑이 텅 비게 되는 것을 주의하셔야 하는 곳이에요.

근처 잡화점에도 너무나 귀여운 다구들이 즐비하게 놓여있습니다. 100엔짜리 내추럴 잡화점인 '내추럴 플랜티'가 바로 맞은편에 있으니 그곳도 한번 방문해 보세요.

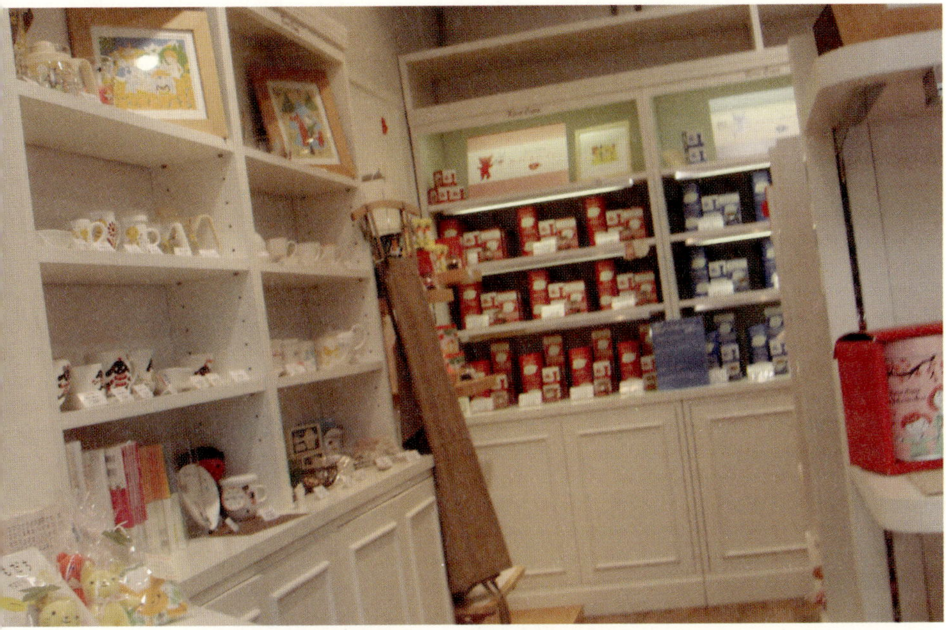

Karel Čapek

ようふく
やまだうたこ
のりもの
やまだうたこ
ともだち
やまだうたこ

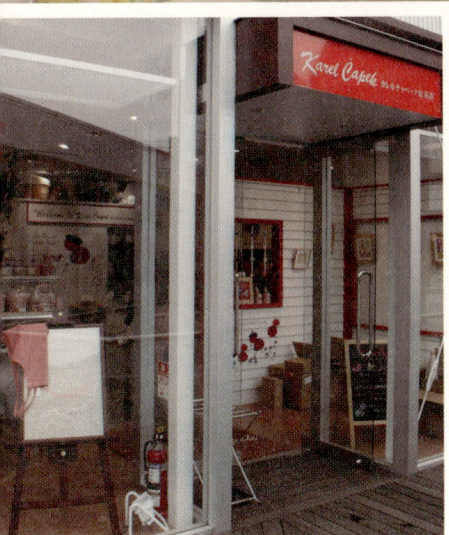

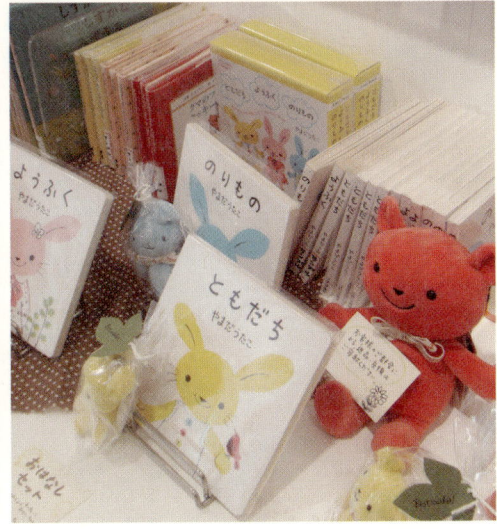

오리의 추천 디저트 카페

앙리 사르팡티에

도쿄의 거리를 걷고 있으면 케이크, 초콜릿 그리고 와플의 달달한 향기가 곳곳에서 저를 유혹한답니다. 그야말로 디저트의 천국이라 할 수 있는 곳이죠.

제가 좋아하는 디저트 카페를 하나 소개해 드릴게요. 검정과 핑크라는 색의 조합은 뭔가 세련되면서도 귀엽고 깔끔한 느낌이 드는 것 같아요. 제가 좋아하는 이 색의 조합을 너무나 세련되게 소화한 '앙리 사르팡티에'가 제게 강한 인상을 남긴 디저트 카페랍니다.

  긴자에 위치해 있는 디저트 카페 앙리 사르팡티에의 벽면에는 핑크색의 책들이 다양한 크기로 한가득 꽂혀있는데 정갈하면서도 귀여운 느낌이 정말 매력적이죠. 1층에서 디저트를 구경하고 지하로 내려가 차와 과자를 주문하면 단정하고 멋진 양복을 입은 점원이 차를 가져다줍니다. 정말 다양한 마카롱과 케이크들이 선택을 쉽지 않게 하는데, 어떤 것을 고르더라도 너무 맛있답니다.

오리의 추천 티웨어숍

애프터눈 티 리빙

  시부야에 위치한 '애프터눈 티 리빙'은 잡화와 다구들을 판매하는 곳입니다. 홍차와 너무나 잘 어울리는 분위기에 단아하고 깔끔하게 생긴 티 포트들을 보고 있으면 절로 웃음이 지어진답니다. 인형이나 문구 그리고 주방용품들도 너무 귀여운 제품들이 많습니다. 한번쯤 꼭 들러보세요.

Tea Part.1
Straight Tea

말랑 말랑한 티타임엔 다즐링

찰랑찰랑 맑은 황금빛 호수가 찻잔에서 춤을 추는 듯한 홍차가 바로 다즐링 Darjiling입니다. 우바, 기문과 함께 세계 3대 홍차 중 하나인 다즐링은 인도의 다즐링 지역에서 자라나죠(앞서 말씀드린 대로 홍차의 이름은 생산 지역의 이름을 딴 것입니다).

다즐링은 전통적인 제조법으로 엄격하게 관리해 항상 고품질의 홍차를 생산하기로 유명합니다. 게다가 2,000m 이상의 높은 지역에서 자라나 생산량이 많지 않아 조금은 비싼 편이랍니다.

다즐링은 수확 시기에 따라 퍼스트 플러시 First Flush, 세컨드 플러시 Second Flush, 오텀널 플러시 Autumnal Flush로 나뉘는데 그 맛이 모두 다릅니다. 봄에 채취한 퍼스트 플러시는 여리고 신선한 맛을, 여름에 채취한 세컨드 플러시는 가장 기본적이면서 전통적인 맛을, 그리고 가을에 채취한 오텀널은 중후하고 그윽한 맛을 선사하죠.

세 가지 모두 구비해서 맛보는 것도 홍차를 즐기는 재미랍니다. 퍼스트 플러시와 오텀널은 국내에서 구하기 조금 힘들긴 하지만요. 다즐링을 좋아하는 분들은 이렇게 다양한 다즐링을 구해 놓죠. "문득 찻장을 열어 보니 다즐링만 10개

다." 하는 분이 있을 정도로 탐닉하게 만드는 매력을 가진 홍차랍니다.

많은 사람들이 좋아하는 홍차이니만큼 다즐링은 시즌별로 세세하게 분류해 판매되고 있습니다. 어느 브랜드에나 다즐링 한 두 종류는 다 있을 거예요. 선택의 폭이 너무 넓어 무엇을 마시면 좋을지 망설여진다면, 압끼빠산트는 어떨까요?

압끼빠산트는 인도의 브랜드답게 여러 종류의 다즐링을 시즌별로 구비해두고 있죠. 퀄리티별로 프레지던트와 영버드로 구분되는데, 봄, 여름, 가을로 각각 세분화되어 있답니다. FTGFOP No.1 등급의 홍차를 사용하는 만큼 그 품질은 최상이라고 할 수 있어요. 매해 시즌에 맞춰 그 시즌의 다즐링이 입고되고는 있지만 소량으로 생산되는데다가 국내에는 조금밖에 들어오지 않으니 구입하려면 때를 잘 노려야 할 거예요.

로네펠트에서도 다원별로 다즐링을 분류해서 판매하고 있으니 다른 다원에서 수확된 다즐링 맛의 차이를 느껴보는 것도 재미있는 경험이 되겠죠?.

수확된 계절에 따라 수확된 농장에 따라 다른 맛을 내긴 하지만 다즐링은 모두 가볍고 깔끔한 맛을 선사하죠. 그래서 처음 홍차를 드시는 분이나 부드러운 홍차를 좋아하는 분에게 저는 다즐링을 권해드린답니다.

다즐링은 맛이 섬세하기 때문에 우릴 때 특히 주의하셔야 해요. 다른 차를 우렸던 차 주전자를 사용하는 경우에는 배어 있을지도 모르는 다른 홍차의 향을 잘 닦은 후 사용하도록 해요. 저처럼 다즐링 전용 차 주전자를 사용하는 것도 좋은 방법이고요.

따뜻한 오후에 빨간 체크 테이블보를 펴고 피크닉을 가보세요. 다즐링 홍차와 함께라면 자연의 싱그러움이 더 맑게 다가올 거예요.

 강한 몰트 향의 매력, 아삼

인도의 동북 끝자락에 위치한 아삼 지역에서 영국의 로버트 부르스 소령이 위대한 발견을 해냈답니다. 그것은 바로 야생의 차나무! 과연 '차를 끔찍이 사랑하는 영국인!'이란 생각이 들죠? 군인이 산책을 하다 나무를 보고 "우와, 차나무다!"라고 말할 수 있는 확률이 얼마나 될까요. 차나무의 생김새를 알고 있다는 점도 놀랍지만 그때 소령이 발견한 차나무의 키가 무려 12미터나 되었다고 하니 이 소령님, 차가 아닌 식물을 사랑하는 사람이 아니었을까 하는 생각이 들 정도랍니다.

아삼에서 발견된 차나무는 잎도 크고 수확량도 많아 차 재배에 획기적인 변화를 가져왔답니다. 홍차가 가장 많이 생산되는 인도에서 가장 많은 양을 생산하는 곳이 바로 아삼Assam이죠. 강렬한 맛과 붉은 빛 그리고 강한 몰트(엿기름) 향으로 우리들을 유혹하고 있는 아삼이 재배되는 곳 말입니다.

아삼은 흔히들 우유를 넣어 마시는 홍차로 알고 있지만 우유가 잘 어울리는 것은 CTC급의 아삼일 뿐이죠. 다원별로 분류해 판매되고 있는 아삼은 대개 등급이 FOP급 이상인데, 높은 등급의 것은 골든 팁이 듬뿍 들어가 있어 우유를 넣어

마시기에는 아까울 정도의 맛과 향을 만들어내죠.

퀄리티 시즌인 여름에 수확한 아삼은 채집부터 매우 엄격하게 고품질을 지향해서 제조된 것으로 황금빛 수색에 부드럽고 깔끔한 맛이 일품입니다. 루피시아의 라마나거는 FTGFOP급이고, 딜마의 아삼 역시 SFTGFOP급이죠. 로네펠트의 모칼바리 아삼은 GFBOP급으로 세컨드 플러시만을 채취해서 만든답니다.

아삼이 홍차 역사에 기여한 일이 한 가지 더 있습니다. 그것은 바로 CTC 제조법! 바로 아삼이 CTC 제조법의 발상지랍니다. 꽤 많은 양의 아삼 홍차가 CTC 방식으로 가공되는 데에는 이러한 이유가 있는지도 모르겠네요. 밀크 티에 많이 사용되고 있는 CTC급 아삼의 경우는 압끼빠산트의 것을 추천해드립니다.

수더분한 둘째 같은 닐기리

푸른 산이라는 뜻을 가진 닐기리Nilgiri는 부드러운 맛과 신선하고 깔끔한 향을 지녔습니다. 인도 남부 지역의 차여서 그런지 인도 아래쪽에 위치한 스리랑카 실론 홍차와 비슷한 느낌이 들기도 하죠.

마치 우아한 언니인 다즐링과 기운 센 남동생 아삼 사이에 샌드위치처럼 끼어 수더분한 둘째가 된 게 아닐까 하는 생각이 들어요. 지리상으로라면 막내겠지만요.

그 수더분한 성격 탓에 닐기리는 스트레이트 티로 마시기보다는 블렌딩에 많이 사용됩니다. 국내에서 닐기리를 구입하려면 압끼빠산트에서 구할 수 있습니다.

Ori's Tea Note

닐기리를 더욱 상큼하게 즐기는 방법

떫은맛이 거의 없고 맛이 깔끔하기 때문에 닐기리는 아이스 티로도 많이 사용됩니다. 특히 레몬 티로 잘 어울리죠. 비행기에서 홍차를 주문하면 컵에 레몬 슬라이스를 넣어 주어 홍차를 푸욱 우려먹게 된답니다. 레몬은 여느 홍차에도 잘 어울리지만, 레몬을 너무 오래 담가두면 자칫 너무 시큼해지고 심지어 껍질의 향이 우러나와 혓바닥에 조금 아릿한 향이 느껴지게 되니 주의하세요.
닐기리에 레몬을 곁들이실 때에는 레몬을 잔에 반 정도만 살짝 담갔다가 빼내어 드시는 것이 좋아요. 아이스 티의 경우 레몬의 아린 맛이 잘 배어나오지 않으니 아이스 티 위에 살짝 레몬을 띄우시면 상큼한 닐기리 레몬 아이스 티를 맛보실 수 있습니다.

 홍차 본연의 순수함 우바

정말 '홍차 그 자체!'라고 표현하고 싶을 만큼 저에게 우바Uva는 가장 일반적이면서도 가장 물리지 않고 가장 친숙한 홍차랍니다. 아마 여러분이 생각하시는 홍차에 가장 가까운 것도 이 우바일 거예요.

빨간 캔 속에 담겨 있는 실론티를 아시죠? 우바는 실론티 종류 중 하나랍니다. 실론은 스리랑카의 옛날 이름이죠. 우바는 스리랑카 남동부의 높은 산에서 생산되는데, 거의 1년 내내 수확이 가능하며 특히 6~9월에 가장 맛있는 차를 수확할 수 있답니다. 진하고 달콤한 향이 나는 것이 특색이죠.

주로 BOP로 만날 수 있는데, OP급 우바는 생산량이 극히 적어 주로 현지에서 소비되고 있답니다. 세인트 제임스 다원과 우바 하이랜드 다원이 유명한데, 국내에 유통되는 홍차의 종류가 적다보니 이렇게 산지별이나 다원별로 다른 홍차를 만나기는 조금 어려운 실정입니다. 마리아주의 경우 우바의 홍차만 10종류 넘게 구비해 놓고 있으니 해외 배송에 한번 도전해보시길 바랍니다.

홍차 본연의 맛을 간직한 우바는 스트레이트 티로 마시기 좋은 것은 물론 우유를 첨가하거나 아이스 티로 마셔도 좋습니다. 여러 가지 베리에이션에 참 잘

어울리는 아이죠. 어떤 것이 더해져도 든든하게 중심을 잡고 홍차 본연의 맛을 전해주니까요.

    진한 주황색의 찻잔을 가만히 보고 있으면 찻잔 주위에 옅은 금빛의 골든 링을 볼 수 있는데 이것도 우바만이 가지고 있는 매력이랍니다.

🫖 오리의 머스트 해브 아이템, 갈레

    스리랑카의 남서 해안에 위치한 항구 도시 갈레에서 재배된 이 홍차는 깔끔하고 기다란 검은 색 잎을 가지고 있습니다. 포르투갈에 이어 네덜란드 등 오랜 세월 동안 다른 나라의 지배를 받아온 도시이지만 너무나 맛있는 홍차를 우리에게 내어 주네요.

    갈레Galle는 저지대에서 자라나는 홍차인데, 잎을 우려내면 예쁜 황금오렌지 빛이 찻잔에 비치죠. 은은하면서도 약간 구수한 몰트 향이 느껴지는데 그러면서도 굉장히 산뜻하고 깔끔해 언제 어느 때에 마셔도 좋은 홍차랍니다.

    잉글리시 애프터눈, 다즐링과 함께 언제나 떨어지지 않게 준비해 두는 저의 머스트 해브 아이템Must-have-item이죠. 누구에게나 "일단 한번 드셔보세요." 하고 적극적으로 추천해드리는데 이제껏 별로라는 소리를 들은 적이 없답니다.

    딜마의 갈레는 OP1급인데 오래 우려도 떫지 않고, 항상 고소한 향을 내주기 때문에 찬 물에 연하게 냉침 해 두었다가 물 대신 마시기도 한답니다. 오리가 너무 사랑하는 갈레를 취급하는 브랜드가 많지 않아서 그 점이 너무 아쉬울 뿐이죠. 국내에서는 딜마와 마리아주에서 구할 수 있습니다.

사탕이 아닌 캔디

외로워도 슬퍼도 울지 말아야 할 것 같은 이름의 캔디Kandy는 스펠링을 보면 눈치를 채셨겠지만, 달콤한 캔디 향이 나는 플레이버리드 티가 아니랍니다. 저도 처음엔 "와~ 사탕, 사탕!" 하며 달콤한 사탕 향기를 상상하며 이 홍차를 잡은 기억이 있답니다.

캔디는 스리랑카의 중부 산악 지역에 위치한 캔디라는 지방에서 재배되는 홍차로 부드럽고 진하고 깔끔한 맛이 일품이죠. 생각했던 사탕 맛은 아니었지만 오히려 더 매혹적인 깔끔한 맛으로 자주 찾게 되는 홍차랍니다.

도시 외곽에 꽤 많은 다원이 있는데, 생산량도 많고 재배되는 차도 중국종과 아삼종 두 종류라서 같은 캔디라도 제법 차이가 있다고 합니다. 이를테면 딜마의 캔디는 맑고 중후하면서 탄닌이 적어 아이스 티로 좋고, 루피시아의 몬테크리스토(캔디 지방의 다원 이름)는 우유가 잘 어울려 밀크 티로 좋습니다. 이렇게 브랜드에 따라 다른 맛을 내지만 그 깔끔한 맛은 어느 브랜드나 다 매혹적이랍니다.

Ori's Tea Note

그 밖의 실론 홍차들을 만나보세요

누와라 엘리야 Nuwara Eliyas

리조트 단지가 조성되어 있어 놀러 가기에도 좋은 누와라 엘리야는 스리랑카 중앙 산맥 서쪽에 위치해 있습니다. 고도가 1,800미터가 넘는 하이 그로운 High Grown 산지인데, 다즐링 품종의 차나무를 많이 재배하고 있죠. 이곳 차나무에서 수확된 잎들은 그 맛이 섬세하고 깔끔해 실론의 샴페인차라는 별명을 가질 정도랍니다.

다른 고산 품종인 우바나 딤블라에 비해 맑고 꽃향기가 나는 듯한 금빛의 누와라 엘리야는 진한 홍차를 즐기지 않는 사람들에게 더욱 인기가 있습니다. 물론 이렇게 맑은 홍차는 스트레이트 티로 마시는 게 가장 좋겠죠?

딜마는 스리랑카에 생산 공장이 있는 만큼 양질의 실론 홍차를 보유하고 있답니다. 딜마의 누와라 엘리야는 오래 우려도 떫은맛이 나지 않아 누와라 엘리야 특유의 섬세한 맛을 맛보기에 그만이죠. 그리고 누와라 엘리야의 실버 팁만을 따로 모은 백차도 판매하고 있답니다. 동이 트기도 전에 하나하나 일일이 손으로 딴 수고를 생각한다면 비싼 가격도 감수할 수 있을 것 같은 생각이 드네요.

딤블라 Dimbula

스리랑카 섬 중앙 산맥의 서쪽에 위치한 딤블라는 미디움-하이 그로운의 주요 산지로 이곳에서 재배되는 딤블라 홍차는 밝은 붉은 빛의 전형적인 홍차 빛깔을 띠고 있답니다. 딤블라는 블렌딩에 많이 쓰이는데 신선하고 청량감이 있어 아이스 티로도 제격이죠.

베노아의 실론 딤블라만을 마셔보고 딤블라는 조금은 떫고 남성스런 홍차라고 생각했지만, 위타드의 케닐워스 OP1을 마셔보고는 등급의 차이가 확실한 맛의 차이를 가져다 준다는 것을 다시금 느꼈답니다. 베노아의 딤블라는 아마도 BOP가 아니었나 해요. 잎이 매우 자잘했었거든요.

마리아주에서도 여러 종류의 딤블라를 만날 수 있고, 딜마에서는 소머셋 다원의 'SOMERSET ESTATE'를 판매하고 있는데, 소머셋의 딤블라는 피누누아 Pinot Noir 와인 같은 향이 난다고 하네요.

루후나 Ruhuna

로우 그로운의 대표적 산지인 루후나는 지명으로서는 이제 사라지고 로우 그로운 실론 홍차가 재배되는 남부 지역을 통틀어 일컫는 말이 되었습니다. 저지대 홍차답게 진하고 그윽한 맛이 일품이죠. 우유와 설탕을 넣어 밀크 티로 만들면 정말 맛있답니다. 약간의 훈연 향이 나는 것이 특징이랍니다.

뭉게뭉게 연기 속에서 만나는 기문

예전에 어느 티 파티에서 차의 맛을 본 후 이름을 맞추는 퀴즈게임을 한 적이 있습니다. 상품으로 걸려 있던 다구 세트들이 얼마나 예쁘던지 그걸 갖고 싶은 마음에 가지고 있던 지식을 모두 짜내어 게임에 임했죠. 하지만 아쉽게도 그때 제가 가지고 있던 지식이 너무 적어 기문밖에 맞추질 못했답니다. 그 당시의 제가 알고 있을 정도였으니 기문이 얼마나 유명하고 일반적인 홍차인지 얘기하지 않아도 알 수 있겠죠?

세계 3대 홍차 중 하나인 기문Keemun은 중국 안휘성 남부에서 생산됩니다. 중국에서는 귀족들만 즐기는 고급차로 여겨졌을 만큼 품질이 뛰어난데, 특히 8월의 기문이 가장 좋은 최상품이라고 합니다.

사실 처음 기문을 마셨을 때 달콤 쌉싸래한 초콜릿 향을 느끼고는 신기해했습니다. 그런데 아무리 책을 찾아보고 인터넷 정보를 검색해도 과일 향, 벌꿀 향, 난초 향, 그을음 향 등에 관한 이야기만 나올 뿐, 어디에도 초콜릿 향에 관한 얘기는 나오지 않더라고요. 사실 중국 홍차에서 초콜릿 향이 난다는 것이 오히려 아이러니하죠. 제 후각은 정말 발달하다만 게 틀림없다는 생각이 들어 조금 슬퍼졌

답니다.

   이제는 난초 향과 그을음 향을 느낄 수 있습니다. 어쩌면 은은한 난초 향과 묘한 그을음 향이 한데 어우러져 제게 초콜릿 향으로 다가왔는지도 모르겠네요.

   홍차 브랜드 니나스에서는 기문을 베이스로 한 플레이버리드 티를 선보이고 있는데, 기문 특유의 향이 메리골드나 콘플라워 그리고 바닐라 등과 어우러져 로맨틱한 느낌을 자아낸답니다. 특히 쥬뗌므와 루즈가 인기 있죠. 스트레이트 티로는 딜마의 기문 홍차를 추천해드립니다.

그밖의 중국 홍차를 만나 보세요

알싸한 향기의 매력 랍상소총

뚜껑을 열자마자 코 안이 알싸해지면서 기침이 나오고 말았다면 아마도 그건 랍상소총Rapsang Souchong일 거예요. 정말 강한 그을음 향이 근처 어디에서 불이 나는 건 아닌지 살펴보게 만든답니다.

랍상소총은 홍차의 발상지로 알려진 중국 무이산의 복건성에서 재배되는 것으로 '정산소종'이라고도 불리죠. 기문에 비해 비교적 잘 알려지지 않았는데 그 이유는 생산량이 적어 좋은 품질의 랍상소총을 만나기가 힘들기 때문이라네요. 랍상소총은 홍차지모紅茶之母 그러니까 홍차의 어머니라는 별명을 가지고 있답니다. 이 별명으로도 알 수 있듯이 랍상소총이 홍차의 시작이라고 할 수 있죠. 유럽인들이 너무 좋아해서 중국에서 수입한 차가 바로 이 랍상소총이거든요. 저로서는 조금 이해가 안가기도 하지만, 이 강한 그을음 향이 처음엔 조금 힘들어도 맡다보면 은근히 정이 가더라고요. 그리고 맛이 매우 깔끔하고 그윽해서 쉽게 빠져들고 마는 꽤나 매력적인 아이랍니다.

기문과 랍상소총 같은 경우는 그을음 향이 강하니 티 포트를 따로 쓰시는 것이 좋습니다. 아니면 사용 후 티 포트를 반드시 뽀득뽀득 닦아주셔야 해요. 티 포트에 세제를 묻히는 걸 별로 좋아하지만 이 랍상소총을 마신 티 포트 만큼은 세제로 반짝반짝 씻어준답니다.

이 계절을 기억하세요!

'퀄리티 시즌? 어디서 들어본 듯한 이름인데?' 라고 생각하는 분이 있다면 분명 만화책 〈홍차왕자〉를 보신 분일 거예요. 우리나라에 제법 많은 홍차 마니아들을 양산한 이 〈홍차왕자〉에서 주인공의 아버지가 하던 홍차가게 이름이 바로 '퀄리티 시즌 Quality Season' 이죠.

퀄리티 시즌은 홍차가 가장 맛있어지는 시기를 뜻합니다. 그래서 나라별로 지역별로 모두 퀄리티 시즌이 다르죠. 최고의 홍차가 생산되는 퀄리티 시즌은 홍차를 사랑하는 사람이라면 꼭 알아야 할 매우 중요한 정보에요. 자, 그럼 홍차들의 퀄리티 시즌을 소개할게요.

다즐링 퍼스트 플러시	3월 ~ 4월
다즐링 세컨드 플러시	5월 후반 ~ 6월
다즐링 오텀널 플러시	10월 중순 ~ 11월 하순
아삼	여름
우바	7월 ~ 8월
누와라 엘리야	1월 ~ 3월
딤블라	2월 ~ 3월
닐기리	1월 ~ 3월
기문	3월 ~ 7월
케냐 홍차	2 ~ 3월, 9월, 12월

Plus Tip

오래된 홍차 활용법 1 홍차 염색

홍차의 잎은 천연 염색으로도 좋은 소재입니다. 낼 수 있는 색은 단 한 가지 색이지만 농도 조절을 통해 꽤 다양한 느낌을 얻을 수 있죠. 홍차의 자연스러운 색이 배어들어 따뜻한 느낌을 만들어 준답니다.
너무 하얘서 쓰기 부담스럽거나 눈이 부셨던 레이스 혹은 도일리를 염색해도 좋고, 스카프나 손수건 그리고 식탁보에 멋스런 홍차 색을 드리워도 좋습니다. 얼룩이 생겨 애매했던 하얀 색 천에 부드러운 홍차의 색을 입혀주세요. 마음에도 예쁜 홍차 빛이 스며들 거예요.
자, 그럼 저와 함께 홍차 염색을 시작해 볼까요?

- **준비물** 염색할 천, 상미기한이 지난 홍차 두 스푼, 소금 한 스푼, 식초, 대야, 물

- **염색 방법**
1. 1리터의 물에 홍차 두 스푼 혹은 티백 두 개를 넣고 진하게 우러나오도록 10분 정도 끓여주다가 소금을 한 스푼 넣어주세요.
2. 그리고 염색할 천을 담가 좀 더 끓입니다. 끓이는 시간에 따라 색깔이 달라져요. 오래 끓일수록 더 진한 색으로 염색되니 원하는 만큼 끓여주시면 됩니다. 단, 천이 젖어 있을 때 색이 더 진하게 보이니까 마를 때의 색을 상상하면서 염색해야 해요.
3. 다 되었으면 이제 찬물에 식초를 한 방울 넣고 헹구어 주세요. 그런 다음 다시 섬유유연제를 조금 넣고 헹구어 주세요.
4. 이제 선선한 바람이 부는 곳에 말려주시면 됩니다.

Tea Part. 2
Blended Tea

홍차의 마법이 시작됩니다

"희미한 육두구와 잘 익은 무화과, 하늘의 은혜를 한껏 받은 대지의 강인함이 잠에서 깨어나는 이 맛은 바로 샤토 무통 로쉴드 1982년산이에요!"

〈신의 물방울〉을 보신 분들은 아마 이 대사를 기억할 거예요. 어느 지역 어떤 기후에서 자란 포도로 만들어졌는지, 얼마나 오랜 기간 숙성을 거쳤는지에 따라 와인의 맛이 달라지듯, 홍차도 그러하답니다. 어느 지역, 어느 다원 그리고 어떤 기후에서 자랐는지, 또 언제 제다했는지에 따라 맛이 아주 많이 달라지죠.

하지만 같은 회사의 같은 차라면 항상 같은 맛이 나야 하는 게 당연한 일이기에 홍차 회사들은 머리가 아팠답니다.

"어떻게 하면 항상 같은 맛을 유지할 수 있을까?"

이러한 고민의 결과, 홍차 회사들은 차를 블렌딩 즉 섞는 방법을 연구하게 되었죠.

블렌딩은 맛을 균일하게 해줄 뿐만 아니라 나아가 더 복합적이고 오묘하며 맛있는 차를 탄생시켰으니 다양한 홍차를 마실 수 있게 된 우리로서도 이보다 고마운 일은 없겠죠. 회사마다 블렌딩 비율을 탑 시크릿으로 하고 있는 것은 당연한 일입니다!

 제일 유명한 블렌딩 홍차로는 잉글리시 브렉퍼스트와 잉글리시 애프터눈, 아이리시 브렉퍼스트, 오렌지 페코 등이 있습니다. 오렌지 페코는 홍차의 등급명이기도 하지만 각 브랜드별로 블렌딩 홍차의 이름으로도 쓰이고 있으니 헷갈리지 마세요.

 모험가 성향을 가지신 분이라면 집에서 한번 블렌딩에 도전해 보는 건 어떨까요? 우연한 행운이 당신만의 탑 시크릿 레시피를 안겨줄지도 모르니까요. 은은한 다즐링과 난초 향이 가득한 기문을 섞어보면 어떤 맛이 날까요?

아침을 깨우는 잉글리시 브렉퍼스트

햇빛이 커튼을 통과해 얼굴을 아무리 때려도 좀처럼 일어나지 못하는 저랍니다. 주변 사람이 흔들어 깨우면 스멀스멀 침대에서 흘러나와 쇼파에서 10분이고 30분이고 멍하니 앉아만 있죠. 다행히 저에게는 혈압이 조금 낮다는 핑계거리가 있어 이 시간을 잔소리 없이 버틸 수 있답니다.

요렇게 멍하니 있는 시간이 지나면 부엌으로 가 주전자에 물을 끓여 차를 한 잔 따라 다시 쇼파로 직행합니다. 그때 제 손에 들린 차가 바로 잉글리시 브렉퍼스트 English Breakfast 랍니다.

브렉퍼스트라는 이름만 들어도 바로 알 수 있듯, 잉글리시 브렉퍼스트는 아침을 위한 홍차랍니다. 잉글리시가 '영국인의'라는 뜻이니까 다른 버전으로 '아이리시 브렉퍼스트'나 '스코티시 브렉퍼스트' 등의 이름으로도 만날 수 있네요.

아침에 완전히 가시지 않은 잠을 깨우는 홍차인 만큼 카페인도 조금 높고 맛과 향도 강한 편입니다. 실론이나 아삼으로 블렌딩 되어 있어서 맛이 진해 우유를 넣어 마셔도 좋답니다. 유명한 대형 커피전문점에서는 밀크 티를 '잉글리시 브렉퍼스트 라떼'라고 이름 붙여 판매하고 있기도 하죠. 그만큼 대중적인 홍차

라고 할 수 있어요. 저 역시 언제나 편하게 마실 수 있도록 티백으로 된 것을 집에 구비해 놓고 있답니다.

거의 모든 브랜드에 준비되어 있지만 자주 마시게 되는 차인 만큼 가격도 착하고 마트에서도 쉽게 구할 수 있는 트와이닝의 브렉퍼스트를 추천해드려요. 밀크 티로 드실 때에는 아크바와 아마드의 것이 진해서 잘 어울리고요. 조금 비싼 편이긴 하지만 해로드의 No.14 역시 인기 있습니다.

Ori's talk

옛날 영국인들은 아침에 침대 머리맡에서 이 브렉퍼스트를 즐겼다고 하네요. 저도 아침에 침대로 차를 가져다주는 사람이 있다면 조금은 더 일찍 일어날 수도 있지 않을까요? 음~. 생각만 해도 참 낭만적인 장면이네요.

오후의 쉼표 같은 잉글리시 애프터눈

여러분은 처음 먹은 홍차를 기억하시나요? 제가 처음 먹은 홍차는 '립톤'의 복숭아 향 아이스 티랍니다. 달달한 복숭아 향이 입 안 가득 물씬 퍼지는 립톤 홍차는 아마 거의 모든 이들에게 첫 홍차가 아닐까 합니다.

물론 립톤도 맛있지만 처음에 홍차를 시작하시는 분들께 저는 잉글리시 애프터눈English Afternoon을 권해드립니다. 애프터눈은 세 가지 정도의 차가 블렌딩 된 것으로, 진한 붉은 빛을 띠긴 하지만 브렉퍼스트처럼 강하지 않고 매우 보드라운 맛이어서 언제 어디서든 편안하게 즐길 수 있답니다. 제가 가장 많이 마시는 홍차이기도 하고요.

보통의 애프터눈은 아삼이 주종인 반면 딜마의 것은 100% 실론 출신이랍니다. 잘 우려내면 은은한 단맛이 입 안에서 맴돌죠. 그리고 아마드의 애프터눈은 소량의 베르가모트가 첨가되어 있어 색다른 맛을 선사합니다.

애프터눈을 마실 때 샤브레 같은 너무 강하지 않은 과자를 함께 곁들이면 부드럽고 따스한 맛이 더욱 배가된답니다. 따스한 오후가 정말 잘 어울리는 홍차의 향에 한번 취해보세요. 순하고 다정한 애프터눈 티가 조곤조곤 이야기를 늘어놓

기 시작할 거예요. "오늘은 좋은 일 있었어요? 날씨가 참 좋죠?" 다정한 언니처럼 보드랍게 감싸 안아주는 가운데 잠에서 깨어난 앨리스의 오후처럼 말이에요.

Ori's Tea Note

영국인들의 홍차 사랑

명탐정 홈즈는 사건을 해결하면서 무슨 차를 그리 홀짝홀짝 마시는지, 제인 오스틴 소설에서도, 영국 관련 영화나 책에서도 차 마시는 장면이 들어있지 않은 게 없을 정도로 영국인들의 홍차 사랑은 정말 대단합니다.

홍차가 1610년경에 유입되었다고 하니까 이제 영국의 홍차 역사는 400년 정도 되었네요. 원래는 상류층의 문화였지만 산업혁명 이후 모든 사람들이 홍차를 즐기게 되었다고 합니다. 전 세계에서 생산되는 차 중에서 약 70%가 홍차라고 하니 홍차가 얼마나 인기 있는지 알 수 있죠? 영국인들에게는 특히 설탕이나 우유를 넣는 방식이 어필해 이렇게 국민적인 음료가 될 수 있었다고 합니다.

1800년대쯤 영국은 하루 두 끼를 먹는 식생활을 가지고 있었죠. 식사 시간 사이 간격이 길었으니 당연히 배가 고팠겠죠? 하지만 식사를 더 하는 것은 부끄러운 일이었다고 하네요.

그래서 너무 배가 고프고 나른했던 오후에 베드포드 백작 부인은 홍차와 간식을 준비해 놓고 친구들을 초대해 작은 사교 모임을 가지게 되었죠. 이게 바로 애프터눈 티의 시작이랍니다. 이렇게 시작된 애프터눈 티는 금세 널리 퍼졌고 덕분에 홍차가 영국인들의 생활 속에 깊게 자리 잡을 수 있었죠.

당시 홍차의 값이 매우 비쌌기 때문에 귀부인들은 차 금고의 열쇠를 지니고 있다가 차를 마실 때만 메이드에게 열쇠를 건네주었다고 합니다. 심지어 아예 손을 못 대게 하기도 했다고 해요.

바쁜 오후 짧은 휴식으로 티 브레이크를 가질 수 있다는 것. 이런 작고 소소한 행복이 있었기에 영국인들이 그토록 홍차를 사랑하는 게 아닐까요?

Plus Tip

오래된 홍차 활용법 2 냉장고를 지키는 요정

찬장에서 먼지가 뽀얗게 내려앉은 홍차 캔을 발견했다고요? 계속 새로운 홍차들을 데려오다 보니 어느새 저 구석에서 조용히 상미기한을 훌쩍 넘겨버린 홍차들이 생겨버렸군요? 마음이 아프지만 그렇다고 그걸 마시는 건 무리랍니다. 그럼 이 아이를 버리느냐? 안 돼요, 안 돼! 그건 정말 잔인한 짓이랍니다.

이럴 땐 죽어가는 찻잎을 작은 유리 용기에 담아 냉장고 안에 넣어주세요. 그러면 이 죽어가는 찻잎이 냉장고를 지키는 요정이 되어 돌아온대요.

목욕하실 때 따뜻한 물에 넣으셔도 되고요. 목욕 후 찌꺼기를 치우는 게 좀 귀찮다면 다시백에 넣어 사용하시면 됩니다. 목욕 내내 향긋한 홍차 향기와 매끈해진 피부를 만나실 수 있을 거예요.

Tea Part.3
Flavored Tea

플레이버리드 티의 시작, 얼 그레이

한번쯤은 누구나 맡아 보았을 만한 향, 그리고 심지어 '이 향이 바로 홍차의 향이구나.' 하고 잘못 알고 있을 정도로 유명한 얼 그레이Earl Grey가 바로 플레이버리드 티랍니다. 만화책의 영향 때문인지 '얼 그레이' 하면 나긋나긋하고 예쁜 사람이 생각나지만 나이 지긋한 중년의 백작님에게서 유래된 홍차죠.

중국에 외교관으로 나가 있던 얼 그레이 백작이 랍상소총에 홀딱 반하고 말았습니다. 영국으로 돌아와서도 그 맛을 잊을 수 없어 그 맛을 다시 찾기 위해 노력에 노력을 거듭하다 우연히 향수나 화장품에 주로 쓰던 베르가모트 오렌지를 차에 섞어 보았는데 그 맛이 기가 막혔다는 거죠. 이렇게 탄생한 것이 바로 얼 그레이랍니다. 맛있는 차를 좋아하는 백작님 덕분에 맛 좋은 차를 맛볼 수 있게 된 것에 대해 잠깐 감사의 인사를 드릴게요.

얼 그레이는 사실 플레이버리드 티인지 블렌디드 티인지 말하기가 조금 어렵긴 해요. 따뜻하게 마셔도 맛있고, 아이스로 먹어도 목 안 가득 청량감을 느낄 수 있어 아주 좋습니다. 일본에서는 아이스 티라고 하면 거의 얼 그레이의 아이스 티가 나온다고 해요. 얼 그레이에 꽃잎과 오렌지 향이 더해지면 '레이디 그레이' 홍차가 되고요.

  얼 그레이는 그 독특한 풍미와 향 덕분에 활용도가 상당히 높은데, 쿠키나 과자류에 향과 맛을 내기 위해 넣어도 상당히 잘 어울리고, 조금 느끼한 고기 요리에도 잘 어울립니다. 로스트비프나 치킨 요리할 때 조금 뿌려주면 좋답니다.

 선택의 갈림길에서 한 시간

칸칸이 쌓인 홍차 캔 속에서 기다리다 애타는 점원의 마음도 모르고 한없이 다시 보고 또 보고, 잡았다 내렸다를 무한 반복하는 한 마리 오리가 있어요. 이제부터 진정한 갈림길의 시작입니다. 정말 너무 많은 플레이버리드 티들을 보며 모두 가지고 싶고 모두 맛보고 싶은 저는 지갑을 부여잡고 울고 싶은 마음이 된답니다.

헤즐넛 커피는 누구나 들어 보셨을 거에요. 커피에 헤즐넛 그러니까 개암나무 열매 향을 입힌 것이 바로 헤즐넛이죠. 플레이버리드 티도 이것과 비슷해요. 홍차에 여러 가지 향을 입힌 것이랍니다. 다만 헤즐넛 커피는 품질이 그다지 좋지 않은 커피라는 인식이 있지만 플레이버리드 티의 경우는 그렇지 않아요. 물론 조금 오래된 홍차에 향을 입혀 파는 곳도 있겠지만요.

향을 입히는 방법도 여러 가지랍니다. 인공 향을 섞기도 하고, 감미료를 넣기도 하고, 과육이나 견과류, 향신료, 꽃잎, 허브를 넣기도 하죠. 그래서 플레이버리드 티를 우릴 때는 홍차 잎을 보기만 해도 예쁜 모습에 넋이 나가버리곤 합니다. 꽃잎이 홍차 속에서 피어나는 것 같은 착각이 들 정도니까요. '에로스' 라던가 '파리의 오후'라던가 '마르코 폴로', '프린세스 라벤더', '파라다이스 봉봉' 등이 모두 플레이버리드 티인데 이름도 너무 예쁘죠?

찻잎이 작은 것들을 골라 밀크 티로 마시기에도 좋은 달콤한 향의 홍차, 기분 좋은 꽃향기의 홍차, 상큼한 과일 향의 홍차 등 플레이버리 티의 세계는 그야말로 무궁무진합니다.

영화 〈향수〉에서 조향사가 향수 한 병을 위해 갖가지 다양한 향수들을 섞듯이 플레이버리드 티도 그렇게 만들어집니다. 이렇게 만들어진 넓은 홍차의 보물 산을 천천히 유영해보는 것도 홍차를 즐기는 즐거움 중 하나겠죠?

그렇다고 한꺼번에 너무 많이 사두지는 마세요. 어느새 홍차의 보물 산이 아니라 무덤이 돼버릴 수도 있으니까요. 신선한 홍차가 가장 맛있다는 사실을 꼭 기억하세요.

달콤한 향의 홍차

마리아주 프레르의 버터스카치

초록색과 금색의 반짝이는 비닐로 쌓인 사탕을 기억하시나요? 지금은 너무 많은 종류의 사탕이 있어 파는 곳을 찾기 힘들 정도로 조금씩 잊히는 존재가 되었지만, 어린 시절 저에게 그 사탕은 반짝거리는 사탕의 왕과 같은 존재였습니다. 숙제를 잘해간다거나 심부름을 잘했을 때 하나씩 받던 그 사탕의 달콤함을 지금도 잊을 수 없답니다. 사탕 봉지 속에서 근엄한 얼굴로 백파이프를 불던 스코틀랜드 아저씨를 보면서 설레는 맘으로 금색 포장지를 벗겨 입 안에 넣으면 어김없이 달콤하고 고소한 맛을 선물해 주었죠. 그 사탕 이름이 아마 '스카치'였을 거예요.

마리아주 프레르의 버터스카치! 처음 이 홍차를 접한 곳은 홍대에 위치한 '티테라스'였어요. 이름만 듣고도 입 안에 살짝 침이 고여 두근대며 차가 우러나길 기다렸죠. 우려진 차는 그때 그 시절의 달콤하고 고소한 기억을 되살려 주었답니다. 너무 손에 넣고 싶었지만 국내에서 구하기가 쉽지 않아 일본으로 여행가는 날만을 손꼽아 기다리고 있었죠.

버터스카치는 실론 홍차를 베이스로 카라멜과 초콜릿 그리고 버터 향을 섞어 만든 홍차입니다. 진하게 우려도 그다지 떫지 않게 마실 수 있죠. 따뜻하게 마셔도 좋고 아이스 티로도 아주 좋습니다. 저는 주로 아이스 티로 마시는데 특유의 달달한 향이 있어 시럽 없이도 달콤하게 즐길 수 있어요. 진하게 우려 우유를 첨가해 마셔도 좋은 팔방미인 타입의 아이랍니다.

마리나 드 부르봉의 베가

겨울이 끝나갈 때쯤 길 곳곳에 보이는 딸기 리어카들이 너무나 반갑게 느껴져요. 딸기라는 게 어쩌면 사람을 이렇게 들뜨게 만들 수 있는지, 아마 봄과 함께 찾아오는 아이라서 그런 것 같아요. 딸기, 딸기 쥬스, 딸기 향 로션, 딸기 맛 과자, 그리고 딸기 무늬까지 딸기는 정말 볼수록 매력이 철철 넘치는 아이예요.

딜마, 웨지우드, 아마드에서 나오는 딸기 홍차만 접해보았던 저에게 마리나 드 부르봉의 베가는 신선한 충격이었답니다. 파란 줄무늬가 있는 캔을 잡고 뚜껑을 연 순간, 마치 작년 5월 즈음에 갔던 딸기 뷔페에 다시 온 것 같은 착각이 들었죠. 달콤한 딸기 향에 카라멜 향 그리고 어렴풋이 느껴지는 새콤달콤한 향이 묘하게 섞여 딸기로 만들어진 디저트 속에 파묻힌 것 같은 느낌을 주었답니다. 츄파춥스의 딸기 크림 사탕 같은 느낌도 들었고요.

마리나 드 부르봉의 베가는 달콤한 향을 좋아하는 제게 보물 같은 차랍니다. 밀크 티로 즐기시는 분들도 많은데, 차 자체의 맛이 그렇게 강하지 않아 저는 그냥 우린 것을 더 즐긴답니다. 찻잎에 장미 꽃잎과 로즈힙이 드문드문 섞여 있어 더욱 소녀다운 분위기를 자아내죠. 핑크와 키티를 좋아하는 친구들을 집에 초대해 보세요. 그리고 이 베가 홍차를 내어주세요. 소공녀가 된 듯한 기분을 느끼게 해줄 거예요.

과일 향의 홍차

루피시아의 파라다이스

　루피시아의 홍차는 차 봉지를 열어 보는 것만으로 맛이 상상될 만큼 시각적인 효과가 정말 뛰어납니다. 루피시아의 최고 인기 홍차인 사쿠란보를 보신 적 있으세요? 버찌 홍차라는 이름에 맞게 찻잎 속에 핑크페퍼가 통째로 들어 있어 버찌처럼 반짝반짝 빛나고 있답니다.

　'파라다이스'의 차 봉지를 열면 갖가지 말린 과일이 얼마나 많이 들어있는지 아마 깜짝 놀라실 거예요. 파파야와 망고 그리고 온갖 드라이 후르츠가 과일 향을 폴폴 풍기면서 마셔달라고 아우성을 치는 듯합니다.

　남국의 햇볕 아래, 해변가 어딘가에 비치파라솔을 펴고 앉아 있는 기분을 만끽할 수 있어요. 보라카이의 해변에서 새로 산 열대풍 원피스를 입고 시원한 망고 주스를 들이키던 때로 타임슬립 한 것 같은 기분이랄까요.

　이름도 파라다이스라니 정말 판타스틱하죠? 파라다이스는 잎 자체가 크고 과육이 많기 때문에 메저 스푼으로 홍차를 넣으시는 분들은 평소보다 2배 정도 더 넣어야 맛있게 즐기실 수 있답니다.

　아이스 티로도 정말 잘 어울리는데, 커다란 물병에 찻잎을 듬뿍 넣고 물을 부어 냉장고에 냉침해 두셔도 좋아요. 맛 자체는 그렇게 강하지 않은 편이라 홍차를 잘 마시지 못하는 분들도 정말 좋아하더라고요. 수색도 다른 홍차들보다는 연한 편이랍니다.

　더운 여름날 아이스 잔 속에서 황금빛으로 얼음과 같이 찰랑거리는 파라다이스는 해가 지던 보라카이의 바다를 떠오르게 하며 남국으로의 여행길을 재촉한답니다.

베노아의 애플

애플 홍차는 과일 향 홍차 중에서 가장 많은 사람들이 좋아하는 홍차인 것 같아요. 거의 모든 브랜드에서 애플 티 한 종류는 구비해 놓고 있을 정도니까요. 사실 가장 유명한 것은 포숑의 애플 티랍니다. 금색 통에 그려진 빨간 사과가 굉장히 매혹적이지요. 다만 조금은 우려내기 어려운 까다로운 아이랍니다.

포숑의 애플 티는 향 자체가 차분하고 맛도 그윽한 반면 베노아의 애플 티는 밝고 명랑한 느낌으로 다가옵니다. 약간의 달콤한 맛도 나고요. 그래서 부담 없이 즐기기에 편한 홍차죠. 산뜻한 실론 홍차 베이스에 사과의 말린 과육이 들어 있어서 사과 향이 더 강하게 나는 것 같다는 생각도 듭니다. 애플 티는 베노아에서 가장 인기 있는 홍차라고 할 수 있죠.

영화 〈전차남〉 덕분에 많은 사람들에게 알려져 매출이 세 배나 늘기도 했다고 하네요. 오후에 멍한 기분으로 먼 산만 보다가 베노아의 애플 티를 마시면 깔끔하고 산뜻한 맛에 다시금 힘이 생기곤 한답니다.

이외에도 저에게 싱그럽고 산뜻한 휴식을 선사하는 과일 향 홍차들은 아주 많답니다. 루피시아의 파라다이스, 베노아의 애플은 물론 포숑의 애플, 루피시아의 사쿠란보 등도 꼭 한번 드셔보시길 권합니다.

꽃향기 홍차

포숑의 르 쁘렝땅

 겨울의 추위가 완전히 가시지 않은, 그래서 벚꽃마저 한 두 개 정도밖에 보이지 않던 3월의 어느 오후에 처음으로 르 쁘렝땅을 만날 수 있었습니다. 노란 금빛의 포숑의 홍차 중에서 단연 돋보이던 핫 핑크 케이스의 르 쁘렝땅은 "설마 날 안 사갈 셈은 아니겠지?" 하는 듯한 포즈로 새침하게 저를 유혹했죠.

 르 쁘렝땅은 프랑스어로 봄이라는 뜻이에요. 포숑은 사계절별로 한정 홍차를 준비해 놓고 있는데 이 쁘렝땅이 바로 봄의 홍차랍니다. 조금은 구하기 어려운 홍차라 첫 구입 후 이제는 빈 캔에 코를 박고 냄새만 마시고 있답니다.

 봄에 걸맞은 핑크 케이스의 뚜껑을 여는 순간 꽃향기가 온 방 안을 오밀조밀하게 채우는 이 쁘렝땅은 다즐링 베이스에 라즈베리와 딸기, 체리 그리고 로즈 페탈Rose Petals이 화사하게 장식된 홍차입니다. 다즐링이 베이스인 만큼 우유나 설탕 없이 그냥 따뜻하게 마시는 것을 추천해 드립니다.

 쁘렝땅은 활짝 핀 화사하고 반짝반짝한 봄보다는 봄이 살며시 고요하게 다가오는 듯한 기분을 느끼게 해주는 홍차랍니다. 봄을 기다리며 조금은 추운 어느 날, 햇살만큼은 따뜻한 창가에 앉아 쁘렝땅을 드셔보세요. 은근하고 화사한 이 쁘렝땅을 마시고 있으면 봄에 대한 기대감이 마구마구 올라갈 거예요.

다만 프레르의 쟈뎅 블루

홍차를 좋아하는 오리를 위해 여기저기서 홍차를 보면 조금씩 물어다 주는 고마운 사람들이 있어요. 대개는 여행을 하면서 호텔에서 집어오는 작은 티백들이지만 한 봉지 한 봉지 뜯을 때마다 그 조그만 마음씀씀이들이 느껴져 감동스럽답니다.

쟈뎅 블루도 샘플로 전해 받은 홍차예요. 건네받은 쟈뎅 블루는 티백이었지만 이제는 까만 틴 케이스가 집에 위풍당당하게 자리 잡고 있답니다. 고맙게도 다만 프레르가 얼마 전부터 국내에 수입되었거든요.

쟈뎅 블루는 푸른 정원이라는 뜻의 프랑스어랍니다. 프랑스어는 어쩐지 구불렁구불렁 거리면서 화사하게 레이스를 치렁치렁 감고 있는 느낌이 들어 홍차의 이름으로 너무 잘 어울린다는 생각이 들어요.

쟈뎅 블루는 기문과 실론 베이스에 루바브와 와일드 스트로베리 그리고 콘플라워와 선플라워 페탈이 들어간 홍차랍니다. 푸른 정원이라는 이름에 걸맞게 차 캔을 열면 파란 콘플라워 잎이 넘실대고 있죠. 살짝 보이는 노란 선플라워와의 대비가 너무 귀여우면서 기품 있게 느껴지는 아이예요.

처음에는 살짝 달콤한 향이 퍼지면서 부드럽고 깔끔한 맛이 인상적이었죠. 차를 남겨두고 잠깐 자리를 비운 사이 차갑게 식었는데도 여전히 맛이 있었던 기억에 아이스 티로도 우려 보았는데, 상큼 달콤한 향이 아이스 티에도 잘 어울렸답니다.

그밖의 플레이버리드 티들을 만나보세요

이외에도 여러분에게 권해드리고 싶은 플레이버리드 티들은 많습니다. 우선 저를 매혹시킨 달콤한 향을 가진 홍차들로는 앞서 소개해드린 마리아주 프레르의 버터스카치, 마리나 드 부르봉의 베가 외에도 딜마의 바닐라, 마리아주 프레르의 웨딩 임페리얼, 실버포트의 카라멜 노와르, 루피시아의 쿠키, 로네펠트의 아이리시 몰트 등이 있죠. 이것들도 꼭 한번 드셔보시길 바랍니다.

그리고 로맨틱한 상상을 가져다주는 꽃향기 가득한 홍차들로는 앞서 소개해드린 포숑의 르 쁘렝땅, 다만 프레르의 쟈뎅 블루 외에도 마리아주의 마르코폴로, 루피시아의 웨딩, 포숑의 파리의 오후, 플로리아쥬의 프린세스 라벤더 등도 추천합니다.

물론 이밖에도 많답니다. 그래서 저는 무엇보다 다양한 홍차를 즐겁게 드셔보실 것을 권하고 싶답니다. 그 홍차들은 마법처럼 다양한 매력으로 여러분의 시간을 분명 행복하게 만들어 드릴 겁니다.

집에서 만드는 허브 홍차

Recipe 1

보랏빛이 끝나지 않을 것 같은 라벤더 농원에 간 적이 있어요. 보랏빛 꽃밭에 앉아 보라색 라벤더 아이스크림을 먹던 그 달콤했던 기억은 제게 잊을 수 없는 경험이죠. 그곳에서 가지고 돌아온 라벤더 차를 집에 모셔두기만 하고 뜯어보지도 않은 채 잊어버리고 있었는데, 딜마에서 홍차 교육을 받을 때 선생님이 라벤더와 홍차를 블렌딩 하는 법을 알려주셨어요. 그 차를 마셨을 때 다시 라벤더 농원에 앉아 있는 것 같은 기분이 들었죠. 홍차가 허브와 그렇게 잘 어울리는지도 그때 처음 알았답니다.

덕분에 집에서 여러 가지 실험을 거쳐 제 입맛에 맞는 허브 플레이버리드 티를 만들 수 있게 되었습니다. 선생님이 알려주신 라벤더와 얼 그레이의 조합에는 미치지 못하지만 말이죠. 실론과 페퍼민트의 만남도 좋았고, 다즐링과 로즈힙을 블렌딩 한 차도 제게는 꽤 매력적인 맛을 선사해 주었습니다. 레몬그라스나 로즈마리도 좋았답니다. 한번 실험해 보세요. 파는 차가 아닌 내 입맛에 꼭 맞는 비율을 여러분도 찾으실 수 있을 거예요. 잊지 말아야 할 것이 있다면 허브보다는 홍차를 조금 더 넣어 블렌딩 해야 한다는 사실이에요.

🍵 오리의 허브 홍차1. 라벤더 그레이

라벤더는 불면증이나 피로에 좋은 허브랍니다. 라틴어로 '씻는다' 라는 뜻이라고 하는데, 말처럼 피로를 말끔히 씻어주는 고마운 허브죠. 라벤더에 가장 잘 어울리는 홍차는 얼 그레이입니다. 라벤더와 베르가모트 오렌지 향이 나는 얼 그레이를 블렌딩 해 보세요. 아찔한 향기에 중독될 만큼 아름다운 향기를 선사할 거예요. 다만 라벤더는 임신 초기에는 피해야 한다고 하니 주의하세요.

• Recipe 라벤더 작은 술(티 메저 스푼으로 반 스푼)과 얼 그레이 2g을 같이 우려주세요.

🍵 오리의 허브 홍차2. 실론 민트

알싸하고 시원한 페퍼민트는 정신을 맑게 하고 집중력을 높여주기로 유명하죠. 두통에도 효과가 있고, 졸음도 방지하고, 소화도 잘 시켜준다고 하니 수험생에게 정말 좋은 허브인 것 같아요. 수험생인 친구나 친척이 있다면 이 페퍼민트로 상큼한 허브 홍차를 만들어 주면 어떨까요?

민트와 잘 어울리는 홍차로는 실론이 있어요. 페퍼민트와 실론을 블렌딩 한 후 이것을 다시 시원한 아이스 티로 들어주세요. 아이스 티 위에 살짝 민트 잎을 올려주면 센스 있는 친구로 칭찬받을 수 있을 거예요. 다만 페퍼민트에는 모유를 억제하는 성분이 있으니 수유 중에는 피하시는 게 좋아요.

• Recipe 페퍼민트 작은 술(티 메저 스푼으로 한 스푼)과 실론 2g을 같이 우려주세요.

🍵 오리의 허브 홍차3. 로즐링

로즈힙은 야생 장미의 열매를 말린 허브에요. 레몬의 20배나 되는 비타민 C가 들어 있어 피부 건강에 그만이죠. 변비나 생리통에도 효과가 있다고 하니 여성분들에게 정말 좋은 허브죠. 처음에 저는 로즈힙의 새콤함이 너무 강해서 순하게 만들어 볼까 하는 마음

에 다즐링을 조금 섞는 모험을 하게 되었습니다. 그런데 생각 외로 너무 잘 어울려서 깜짝 놀랐죠. 다즐링의 순수함을 즐기시는 분들은 싫어하실 수도 있겠지만 가끔 기분 전환하기에 좋답니다.

• Recipe 로즈힙 작은 술(티 메저 스푼으로 한 스푼)과 다즐링 2g을 같이 우려주세요.

집에서 만드는 리얼 후르츠 티

베란다의 노란 망 속에서 사과가 바짝바짝 말라가고 있네요. 사과를 매우 좋아하는 저이지만 한 박스가 들어오는 명절 때면 질려서 한동안 먹지 않게 되더라고요. 시들시들해진 사과를 구해주는 방법으로는 애플파이를 만들거나 사과잼을 만드는 것이 있죠. 그러다 문득 홍차 회사 흉내를 내보고 싶은 생각이 들었어요. 그래서 시작한 것이 리얼 애플 티랍니다.

시판되는 것처럼 강한 사과향이 나지는 않지만 은은한 단맛이 너무 기분 좋게 느껴졌습니다. 그 후로 다양한 과일로 후르츠 티를 시도해 보고 있답니다.

리얼 후르츠 티를 만들 때는 과일을 잘 씻어서 껍질째로 말리는 게 좋아요. 사과의 경우 조금 시큼한 사과일수록 말렸을 때 싱싱한 사과향이 잘 느껴진답니다. 레몬이나 귤 껍질을 말려도 좋고요. 오렌지 껍질도 맛있답니다.

냉장고 속에서 쓸쓸하게 시들어가는 과일이 있다면 당장 손질해서 말려보세요. 향기 나는 티타임을 즐기실 수 있을 거예요!

Enjoy the Tea Party

오리의 후르츠 티1. 귤 홍차

껍질을 잘 씻은 후에 잘게 썰어 햇빛에 바싹 말려주세요. 블렌딩용 홍차를 취향에 맞게 고른 후에 반반씩 무게를 재어 섞어주세요. 저는 주로 실론을 사용하곤 합니다. 이렇게 섞은 후 일주일 정도 지나면 찻잎에 귤 향기가 퍼질 거예요.

내가 만든 귤 홍차를 이제 잘 우려서 마셔 볼까요? 귤이 들어 있으니 그만큼 더 많이 넣어야겠죠? 메저 스푼으로 평소보다 두 배 정도 되는 양을 넣고 우리시면 된답니다.

오리의 후르츠 티2. 리얼 애플 티

시큼하고 빨간 홍옥을 준비해 주세요. 꿀사과보다는 너무 시어 먹기 힘든 사과가 더 좋아요. 껍질째로 편을 썰어서 햇빛에 잘 말려주세요. 마실 때는 티 포트에 원하는 홍차와 말린 사과 편 2~3개를 넣어주시면 됩니다.

집에서 만드는 리얼 플라워 티

Recipe3

꽃이 블렌딩 된 홍차의 캔을 보면 눈부실 정도로 흩뿌려져 있는 색색의 꽃잎의 모습에 감탄하게 된답니다. 유명한 브랜드의 꽃향기 홍차처럼 만드는 것은 무리일지라도 한번쯤 내 손으로 직접 만들어보는 것도 재미있어요.

제일 흔하게 구할 수 있는 것은 바로 장미랍니다. 받을 때는 무한히 기쁘지만 사실 쓸 곳이 마땅찮죠. 꽃병에 꽂아 두면 일주일도 못가 꽃잎을 하나 둘 툭툭 떨어뜨리다 시들어 버리니까요. 그래도 버리기는 아까워 말려보지만 결국 발에 치이다 쓰레기통으로 보낸 기억이 아마도 한두 번쯤은 있으실 거예요.

이런 마른 장미 꽃잎을 홍차 잎과 섞어 보세요. 마리골드나 수레국화(콘플라워) 혹은 홍화도 플라워 블렌딩에 유용하답니다. 국화도 잘 어울리니 여러 가지 꽃으로 시험해 보세요. 다만 꽃잎에 독성이 있을 수도 있으니 주의하시고 독성 여부를 반드시 체크하셔야 해요.

Plus Tip

홍차 캔 활용법. 그들의 무한한 변신

홍차 캔들은 하나같이 디자인과 모양이 예뻐서 모아놓으면 그 어떤 인테리어 소품보다 훌륭하게 공간을 꾸며주죠. 그래서 하나하나 모으다보니 이렇게 홍차 캔의 무덤이 만들어져 버렸답니다. 점점 쌓여서 무덤이 폭발하기 전에 요 예쁜 아이들에게 새 생명을 주자고요. 홍차 캔을 활용하는 몇 가지 방법들을 알려드릴게요. 짜잔~!

소품상자로 만들기
모양을 그대로 유지한 채 활용할 수 있는 제일 간단한 방법은 연필꽂이나 소품상자 등으로 쓰는 것입니다. 디자인 숍에서 파는 그 어떤 것보다 예쁘죠?

빈티지 스탠드로 거듭나다!
홍차 캔이 빈티지 스탠드로 거듭날 수도 있답니다. 약간의 전기 도구 혹은 파는 조명을 구멍을 뚫은 홍차 캔 안에 넣어주시면 오케이!

화분으로 변신!
홍차 캔을 화분으로 만들어 볼까요? 아래 부분에 물이 빠질 수 있는 정도의 구멍을 뚫고, 화분을 옮겨 심으셔도 되고, 작은 허브 화분을 그대로 쏙 넣어주셔도 됩니다. 캔에 구멍을 뚫는 일은 조금 위험할 수 있으니 연장을 잘 다루는 분의 도움을 받으세요.

Tea Part.4
Milk Tea

너의 알싸함을 감싸줄게

커피에 우유가 잘 어울리는 것처럼 홍차에도 우유는 안성맞춤 베스트 프렌드입니다. 우유는 자칫 개성이 너무 강해서 쉽게 다가가기 어렵다고 여겨지는 홍차라는 친구를 사람들에게 아주 부드럽고 달콤하게 소개해 주죠. 그래서 홍차보다는 밀크 티를 좋아하는 사람들이 더 많은 것도 사실이고, 많은 사람들이 밀크 티를 통해 홍차와 친해지는 것도 사실입니다.

아무것도 첨가하지 않은 진한 커피보다 설탕과 우유를 넣은 일명 '다방커피'를 즐기는 사람들이 많은 것처럼 쌉싸래한 홍차보다는 부드럽고 달콤한 밀크 티로 홍차와 친해지는 시도를 해보는 것이 쉬운 일인 것은 사실이니까요.

혹시 여러분 중에 캔 음료인 '데자와'를 통해 밀크 티 그리고 홍차와 친해지신 분, 계신가요? 사실 저도 '데자와'를 통해 밀크 티와 친해졌답니다. 제가 다녔던 학교의 자판기에는 항상 '데자와'가 들어 있었죠. 커피를 그다지 좋아하지 않았던 저는 추운 겨울날 따뜻하게 데워진 '데자와' 캔을 강의실 안에서 홀짝홀짝 마시면서 추위를 달래곤 했답니다.

저는 물론이고 친구들도 항상 '데자와'를 만나왔었기에 다들 알고 있을 거라고 생각했는데 잘 모르는 분들도 은근히 많더라고요. 뿐만 아니라 밀크 티라는 존재를 매우 생소하게 여기는 분들이 생각보다 많다는 것에 조금 놀랐습니다. 요사이는 대형 커피전문점에서 밀크 티를 판매하고 있어 추운 겨울 밀크 티 한잔으로 행복해지는 저로서는 대만족이랍니다.

부드럽고 달콤하게 홍차를 즐기고 싶으신 분, 첫 홍차의 쓰고 떫은 기억을 떨치고 싶으신 분, 지금부터 저와 밀크 티의 세계로 여행을 떠나보세요. 강하고 진하게 우린 차와 따뜻한 우유 그리고 달콤한 설탕만 있으면 됩니다.

 밀크 인 퍼스트 혹은 밀크 인 애프터

진한 오렌지 빛 홍차에 우유를 떨어뜨리면 마치 찻잔 속에서 꽃이 피어나듯 하얀 우유가 살며시 피어오르면서 예쁜 베이지 빛을 만들어 냅니다. 밀크 인 퍼스트는 영국인들이 가장 많이 즐기는 밀크 티죠. 방법도 간단해요. 진하게 우린 홍차에 데운 우유를 붓기만 하면 되죠. 그냥 먹기엔 떫다 싶을 정도의 진한 홍차에 우유를 조금 넣었을 뿐인데 순간 부드러워진 그 맛에 노곤하게 녹아들고 싶은 기분이 된답니다. 찻잎을 걸러내지 않고 그냥 티 포트에 넣어두시는 분이라면 점점 홍차가 진해져서 마지막 한잔이 남을 때쯤에 살짝 데운 우유를 넣어보세요. 부드러운 맛에 반하고 말 거에요.

밀크 인 퍼스트를 즐기고 싶은 분들에게 작은 팁을 하나 드릴게요. 우선 차는 진한 홍차가 잘 어울립니다. 우유를 넣으면 홍차의 맛이 중화 되서 잘 느껴지지 않고 심지어 밍밍하게 물에 우유를 탄 듯한 느낌이 들 수도 있거든요. 잉글리시 브렉퍼스트 같이 진한 차를 평소보다 더 진하게 우려내는 게 좋답니다. 그러기 위해서는 찻잎을 두 배로 넣거나 물의 양을 반으로 해야겠죠?

그리고 우유를 준비해 주세요. 우유는 높은 온도로 데우면 가열취가 생기고 게다가 유막, 그러니까 우유로 만들어진 얇은 막이 생기므로 조금만 데워주세요. 밀크 저그를 뜨겁게 예열해 우유를 붓는 것도 좋은 방법이랍니다. 그런 다음 우유와 홍차를 사이좋게 섞으면 완성~.

우유를 먼저 넣어야 한다거나 홍차를 먼저 넣어야 한다거나 영국에서는 이런 닭이 먼저냐 달걀이 먼저냐는 식의 논쟁이 18세기쯤 벌어졌습니다. 어느 것을 먼저 넣느냐에 따라 이름도 달라지죠. 우유를 먼저 넣으면 밀크 인 퍼스트Milk in First, 우유를 나중에 넣으면 밀크 인 애프터Milk in After.

사실 저는 큰 차이를 잘 모르겠는데, 이렇게 작은 것에도 옥신각신한다고 하니 영국인들의 차 사랑이 얼마나 유별난지 알 수 있을 것 같네요. 제가 느끼지 못한다 하더라도 그들의 논쟁에는 물론 이유가 있겠죠? 그 차이를 발견하는 것은 여러분의 몫입니다. 한 번은 우유를 먼저, 그 다음 번에는 홍차를 먼저 넣어보세요. 그리고 그 미묘한 차이에서 더 맘에 드는 맛이 당신에게 좋은 가장 보편적인 밀크 티가 될 것입니다.

고소하고 달콤한 로얄 밀크 티

Recipe 4

가장 자주 접하게 되는 밀크 티가 바로 로얄 밀크 티 Royal Milk tea 랍니다. 우유가 아주 많이 들어간 이 밀크 티는 진하고 고소하고 달콤해서 한잔 가득 마시면 뱃속이 푸근해지죠. 제가 로얄 밀크 티를 집에서 만들어 보기 위해 얼마나 많은 홍차와 우유를 저 세상으로 보냈는지 모르겠습니다. 지금은 파우더 타입으로 된 로얄 밀크 티를 마트에서도 쉽게 발견할 수 있긴 하지만 뭐니뭐니해도 직접 냄비에 끓이는 게 최고의 맛을 얻을 수 있는 방법입니다!

로얄 밀크 티를 만들기 위해 필요한 것은 바로 밀크 팬입니다. 한쪽에 주둥이가 있어 붓기 쉽게 되어 있는 작은 냄비인데, 그냥 집에 있는 작은 냄비를 쓰셔도 됩니다.

자, 이제 냄비에 물을 붓고 홍차를 넣어 끓여볼까요? 홍차와 물의 비율은 각자의 취향대로 하시면 됩니다. 물맛을 싫어해서 우유만으로 끓이는 분들도 있는데, 홍차는 우유에서는 잘 우러나지 않기 때문에 이건 그리 추천해 드리고 싶은 방법은 아니랍니다. 약간이라도 물을 넣고 끓여야 진하고 고소한 밀크 티를 즐길 수 있답니다.

어떤 분은 홍차 잎을 뜨거운 물에 불렸다가 우유를 넣고 끓이기도 하더라고요. 모든 차의 기본은 본인의 취향이니까 누가 옳다 그르다 따지지 말고 원하는 대로 맛나게 만들어 드시는 게 가장 좋은 것 같습니다.

자, 이제 홍차가 바르르르 끓기 시작하면 우유를 부어주세요. 그리고 불을 더 약하게 줄이고 냄비 앞을 지켜야 합니다. 우유를 넣고 나면 안 끓을 듯하다가 갑자기 화산폭발처럼 한순간에 넘쳐버리고 말거든요. 덕분에 제 핫플레이트는 아주 꼬질꼬질해졌답니다.

앞에서 말씀드렸다시피 우유를 너무 끓이면 유막이 형성되니 주의해야 합니다. 밀크 티 표면에 거품이 조금씩 생기고 살짝 김이 나면 불을 끄고 냄비를 내려 스트레이너를 받쳐서 미리 예열한 잔에 부어주세요. 설탕은 원하시는 대로 넣으시고요.

이제 진하고 고소하고 달콤한 밀크 티가 초대하는 세계로 살짝 다녀오시면 됩니다. 로얄 밀크 티의 홍차 역시 패닝급의 자잘한 홍차나 잉글리시 브렉퍼스트 같은 진한 차를 써주시면 좋답니다.

Ori's Tip

로얄 밀크 티의 황금 비율

물 150cc와 차(패닝급) 6g을 넣고 끓입니다. 그 다음 우유 150cc를 넣고 끓이다가 설탕을 3t 스푼 넣고 끓여주세요. 물과 우유는 150cc 차는 6g, 아셨죠?

 인도의 국민 차, 짜이

혹시 까맣고 조금은 꼬질꼬질하지만 해맑은 눈으로 차를 날라주던 '자말'을 아세요? 2009년에 개봉해 전 세계에서 88개나 되는 상을 받은 영화 〈슬럼독 밀리어네어〉에 나온 '자말' 말이에요. 영화에서 자말은 텔레마케터들에게 차를 주는 차 심부름꾼이었답니다.

자말이 나눠주던 차를 혹시 기억하시나요? 투명한 유리잔 속에 예쁜 베이지색으로 찰랑거리던 그 차가 바로 짜이랍니다. 인도인들이 하루에 네다섯 잔은 꿀꺽꿀꺽 마실 정도로 국민적인 차라고 할 수 있죠. 인도의 길 어느 곳에서나 냄비를 걸어놓고 짜이를 끓이는 사람을 만날 수 있을 정도랍니다.

짜이는 향신료가 들어간 밀크 티입니다. 그러니까 진한 홍차와 우유의 만남에 또 한 명의 친구인 향신료가 어우러진 것이죠. 향신료에는 계피, 생강, 카다멈Cardamom, 클로브Clove, 후추 등 수많은 것들이 들어가는데 이 향신료를 통칭해서 '마살라Masala'라고 부릅니다.

향신료의 비율은 주인 마음대로니까 파는 곳마다 그 맛이 조금씩 달라지죠. 플라스틱으로 된 컵에 담아주는 것이 대부분이지만 지금도 흙 잔(테라코타 잔)에 담아주는 곳이 있다고 하네요. 흙 잔에 내주는 짜이를 홀짝홀짝 마시고는 컵을 바닥에 던져 깨뜨리는 것이 인도의 전통이라나요? 꽤나 재미있는 방법이죠? 저라면 아까워서 깨지는 못하겠지만요.

짜이에는 아삼 CTC급의 홍차가 주로 쓰인답니다. 가격대도 저렴하고 진하게 우러나 짜이에 안성맞춤이죠. 물론 다른 진한 홍차를 쓰셔도 됩니다.

여느 밀크 티와 달리 짜이를 직접 만들어 인도 고유의 맛을 내는 것은 쉽지 않아요. 아무래도 향신료가 다르기 때문이죠. 우리나라에서 향신료를 구하기가 쉽지 않을 뿐더러 가격도 매우 비싸거든요. 그래도 짜이 파우더나 향신료가 들어간 짜이를 파는 곳이 있으니 비슷한 맛을 즐길 수 있을 겁니다. 물론 계피, 생강, 후추 등 우리나라에서 쉽게 구할 수 있는 것들을 이용해 직접 향신료를 만드는 것도 좋은 방법이죠. 추운 날 짜이 한잔 마시면 온몸이 후끈해지는 기분이 들어요. 감기 기운이 있어 으슬으슬한 날 따끈한 짜이 한잔 어떠세요?

Ori's talk

영화에서 자말의 직업은 인도어로 '짜이왈라'인데, 인도에서는 가장 하층의 직업 중 하나입니다. 평생 빨래를 하는 '도비왈라' 그리고 운송 수단인 릭샤를 모는 '릭샤왈라' 등과 함께 말이죠. 인도에는 여전히 카스트 제도가 남아 있어서 이런 '왈라'들이 무시를 당하며 살고 있다고 하네요. 인도에 가서 '짜이왈라'를 만나게 되면 활짝 웃으며 맛있다고 해보세요. 분명 환한 미소로 화답해 줄 거예요.

🌟 나만의 짜이 레시피

- **재료** 아삼 CTC 6g, 생강가루 2g, 계피가루 3g, 카다몸(껍질째로) 4개, 클로브 1개, 통후추 1개, 물 150cc, 우유 150cc, 설탕

- Recipe
1 먼저 물 150cc에 아삼 6g 정도를 넣습니다.
2 그런 다음 생강가루, 계피가루, 카다몸(껍질째로), 클로브, 통후추를 넣고 바글바글 끓여주세요.
3 다 끓으면 우유 150cc를 넣고 너무 강하지 않은 불에서 오래오래 끓입니다.
4 마지막으로 황색 설탕을 듬뿍 넣어주는 게 포인트랍니다.

향신료는 어디서 구할까요?

카다몸은 천국의 밀알이라고 불리는데, 한자어로는 소두구라고도 합니다. 샤프란 다음으로 비싼 향신료로 알려져 있죠. 구하기가 까다로운 편이라 저는 인도에 다녀오신 분에게 직접 얻어 사용했는데, 요즘은 이태원의 숍이나 인터넷 숍을 통해 구할 수 있답니다.

클로브는 정향이라고도 불리는데 카다몸보다는 구하기 쉬운 편이죠. ISFI라는 향신료 브랜드에서 시판하고 있으며, 백화점에서도 구입할 수 있답니다. 향이 너무 강해 우리나라 사람들은 조금 어려워하는 냄새니까 적게 넣어주시는 게 좋아요. 통후추 역시 향신료를 전문으로 파는 곳에서 쉽게 구할 수 있답니다.

카다몸, 클로브, 통후추를 모두 구할 수 있는 곳 : asiamart.cafe24.com

밀크 티의 무한변신

커피전문점에 가면 메뉴판에 깨알같이 적힌 무수한 커피의 종류들이 있습니다. 이처럼 수많은 종류가 탄생할 수 있는 것은 커피를 사랑하고 탐험 정신이 뛰어난 이들의 노력 덕분이겠죠? 커피에 초콜릿을 넣어보거나, 카라멜을 넣어보거나, 생크림을 얹어보면서 새로운 맛을 발견한 것이죠.

홍차도 커피처럼 얼마든지 베리에이션Variation이 가능하답니다. 일단 홍차와 우유 그리고 그밖의 향신료들을 만나게 했으니 이번에는 보다 다양한 친구들을 소개해 줄까요? 뭔가 어울릴 것 같다는 생각이 들면 주저 없이 만들어 보세요. 호기심 가득한 여러분의 노력이 새로운 밀크 티를 만나게 해 줄 거예요.

🫖 바닐라 밀크 티

바닐라 밀크 티를 만드는 방법은 여러 가지입니다. 바닐라 홍차를 이용해도 되고, 바닐라 시럽, 바닐라 에센스를 이용해도 좋습니다. 이렇게 바닐라가 들어간 부재료를 넣기만 하면 된답니다. 저는 바닐라 빈으로 만드는 법을 알려드릴게요. 바닐라 빈을 끓이는 순간 집 안 가득 훈훈하게 바닐라 향이 퍼질 거예요.

- 재료 물 150cc, 홍차 6g, 우유 150cc,
  바닐라 빈 반 개 (바닐라 빈은 제과 재료를 파는 곳에서 구하실 수 있습니다.)
- Recipe
1 먼저 물에 홍차를 넣고 끓여주세요.
2 여기에 바닐라 빈을 반 개 정도 잘라서 안의 씨를 훑어낸 다음 껍질도 같이 넣고 끓여주세요.
3 물이 끓으면 우유를 넣으세요.
4 마지막으로 시럽이나 설탕을 넣으시면 된답니다.

🫖 바나나 밀크 티

바나나 밀크 티도 쉽게 만들 수 있답니다. 바나나가 끓으면서 달콤 쌉싸래해져서 정말 맛있답니다.

- 재료 물 150cc, 홍차 6g, 우유 150cc, 바나나 한 개
- Recipe
1 물에 홍차를 넣고 끓여주세요.
2 냄비에 차가 끓을 때 바나나를 잘게 잘라 함께 끓여주세요.
3 물이 끓으면 우유를 넣으세요.
4 그런 다음 찻잔과 주전자에 슬라이스 한 바나나를 1~2개 정도 띄워주시면 완성입니다.

🍵 초코 밀크 티

카페모카를 좋아하시는 분들 정말 많으시죠? 밀크 티도 초콜릿과 상당히 잘 어울립니다. 초콜릿 대신 코코아 분말을 넣으셔도 됩니다.

- 재료 물 150cc, 홍차 6g, 우유 150cc, 버튼 초콜릿 4개

- Recipe

1 물에 홍차를 넣고 끓여주세요.
2 냄비에 차가 끓을 때 초콜릿을 넣고 끓여주세요.
3 물이 끓으면 우유를 넣으세요.
4 찻잔 위에 생크림과 초코시럽을 뿌리면 보기에도 정말 맛있는 초코 밀크 티가 된답니다.

Ori's Tea Note

꿀보다 설탕

밀크 티를 만들 때 설탕 대신 꿀을 넣으시는 분들이 있습니다. 아무래도 설탕보다는 꿀이 영양에 좋고 다이어트에 효과가 있을 거라고 생각하기 때문이겠죠. 하지만 사실 홍차에 꿀을 넣으면 오히려 영양 손실이 생긴답니다. 홍차 성분 중 떫은맛을 내는 탄닌 성분이 꿀의 철분과 결합하면 인체가 흡수할 수 없는 나틴산 철로 변하기 때문이죠. 그러니 밀크 티를 드실 때는 그냥 설탕을 넣으실 것을 권해드립니다.

Plus Tip

다구 관리와 청소법. 치약과 소다가 해결사

홍차를 오래 마시다 보면 어느새 노랗게 변색한 다구들을 보게 되실 거예요. 홍차물은 쉽게 빠지지 않기 때문에 오래되면 오래될수록 원래 색으로 되돌리기가 힘들답니다. 그러니 차를 마시고 나면 다구들을 최대한 빨리 씻어 주는 게 좋습니다. 그렇지만 느긋한 티타임 후에 설거지는 조금 귀찮기도 한 게 사실이죠. 그럼 이제 홍차물이 든 다구들을 깨끗하게 관리해 보도록 해요.

간단하게는 누구나 가지고 있는 치약으로 살살 문질러 주어도 되고, 그래도 지워지지 않는다면 소다를 뜨거운 물에 풀어 1시간 정도 담가두신 다음 문질러 닦아주시면 됩니다. 단번에 다구들을 깨끗하게 만들어주는 매직블럭이라는 하얀 수세미가 있긴 하지만 미세한 철수세미이기 때문에 이것을 사용할 경우 다구의 유약이 벗겨져 오히려 더 쉽게 변색될 수도 있고, 다구가 상할 수도 있으니 변색의 상태가 너무 심하지 않다면 되도록 사용하지 않는 게 좋아요.

그리고 한 가지 더! 홍차를 너무 많이 마시고 양치를 하지 않으면 다구처럼 치아가 노랗게 될 수도 있으니 치아도 잘 관리해주세요.

Tea Part.5
Ice Tea

한여름의 행복 아이스 티

'아이스 티' 하면 '복숭아 향 네스티'가 먼저 떠오르시나요? 상큼하고 시원하게 한여름 갈증을 날려주는 고마운 아이스 티는 1904년 미국 세인트루이스에서 열린 박람회에서 우연히 만들어졌답니다. 박람회에 어느 영국 차상인이 차를 가지고 나왔는데, 정말이지 날씨가 너무 더워 뜨거운 홍차는 외면을 받았답니다. 절반은 호기심에 절반은 홧김에 차를 얼음에 부어버렸는데, 이게 선풍적인 인기를 끌게 된 거죠. 덕분에 아이스 티의 세계가 열렸고 여름에도 홍차를 맛있게 먹을 수 있게 되었답니다. 자, 그럼 우리도 맛있는 아이스 티를 만들어볼까요?

첫 번째, 온수 침출법

먼저 스트레이트 쿨링 즉 온수 침출법으로 만들어 보겠습니다. 일단 찻잎을 넣고 뜨거운 물을 조금만 넣어주세요. 물론 그 전에 예열은 필수고요. 저는 보통 2~4g 정도의 차를 뜨거운 물 120cc 정도에 넣고 3~5분 정도 우립니다. 그런 다음 길쭉하고 예쁜 아이스 티 잔에 얼음을 가득 채우죠. 얼음은 되도록 단단한 것을 쓰는 게 좋아요. 무른 얼음은 금방 녹아서 아이스 티 자체가 싱거워질 수 있기 때문이죠. 그리고 얼음을 잔에 넣을 때도 꽉꽉 채워주세요.

이제 스트레이너를 대고 진하게 우린 차를 바로 부어 주세요. 이때 너무 천천히 부으면 크림다운 현상이 일어나 뿌옇게 될 수 있으니 주의하셔야 됩니다. 이 방법은 일단 간편한 것은 물로 신선하게 차를 마실 수 있어서 좋습니다.

두 번째. 냉수 침출법

두 번째는 냉침 즉 냉수 침출법입니다. 큰 물병에 찻잎을 많이 넣고 찬 물을 부어 오래 우리는 방법이죠. 커피 추출 방식 중 하나인 더치커피처럼 찬물에 우려내기 때문에 카페인이 거의 함유되지 않아 카페인에 거부감이 있으신 분들도 마음껏 홍차를 즐길 수 있는 고마운 방식입니다.

저는 보통 1,000cc의 물에 차를 15~20g 정도 넣고 하룻밤 동안 냉장고에서 잠을 재운답니다. 어렵지 않은 방식이지만 조금 오랜 시간이 걸리긴 하죠. 찻잎의 양을 좀 적게 해서 보리차처럼 벌컥벌컥 마셔도 좋답니다.

그리고 향이 강한 홍차는 사이다 냉침을 하기도 합니다. 사이다병에 티백이나 차를 넣고 5시간 정도 두면 맛있는 홍차 소다가 완성된답니다. 다만 진하게 우러나지는 않아 저는 홍차보다는 로즈힙 같은 허브차로 만드는 걸 더 선호하죠.

 상큼한 후르츠 아이스 티

Recipe6

과일과 아이스 티는 천생연분이랍니다. 아이스 티를 만들 때 상큼한 과일을 곁들여 보세요. 과일은 차를 우릴 때 넣으셔도 좋고 다 만든 후에 넣으셔도 좋답니다. 후르츠 아이스 티에 로제 와인을 한두 방울 떨어뜨리면 상큼함이 배가 된답니다.

오렌지 아이스 티
실론 2g과 오렌지 껍질을 잘게 썰어서 5분간 우려주세요. 얼음 위에 차를 붓고 오렌지즙을 조금 짜 넣은 다음 오렌지를 저며서 넣어주세요. 오렌지 대신에 레몬으로 해도 맛있어요.

딸기 아이스 티
딸기 향 홍차나 실론 같은 스트레이트 티 2g을 준비하세요. 딸기를 슬라이스 해서 준비한 다음 차와 딸기 조각을 넣고 5분간 우려주세요. 그리고 얼음 위에 차를 붓고 딸기 조각을 잔뜩 띄워주시면 됩니다.

아이스 밀크 티

Recipe7

　겨울 날 우리를 따뜻하게 반겨주던 밀크 티의 맛이 태양이 쨍쨍 내리쬐는 한여름의 오후에 문득 그리워진다고요? 진하고 부드러운 그 맛을 시원하게 즐길 수 있는 방법은 물론 있습니다. 집에서 아이스 밀크 티를 만들 때 주의해야 할 사항은 그 진하고 부드러운 맛이 흐려지지 않도록 농도를 잘 맞추는 일이겠죠?

　우선 차 6g을 준비해 주세요. 차는 패닝급이나 잉글리시 브렉퍼스트를 사용하는 게 좋아요. 준비된 차를 120cc의 뜨거운 물에 우려주세요. 진한 맛을 좋아하는 분들은 우리는 시간을 조금 더 길게 하시고요.

　그런 다음 아이스 티 잔에 2/3 정도 얼음을 채우고 우린 차를 부어주세요. 차가 진해서 뿌옇게 일어나지만 괜찮습니다. 마지막으로 차에 차가운 우유를 붓고 시럽을 기호에 맞게 넣으시면 됩니다.

　120cc의 물과 6g의 차, 이건 한 잔 분량입니다. 사실 아이스 밀크 티는 여러 잔을 한꺼번에 만들 때 더 진하고 고소한 맛이 된답니다. 한 가지 정보를 알려드릴게요. 초콜릿 향이 나는 '베일리스'라는 술이 있는데 이걸 아이스 밀크 티에 첨가하면 그 맛이 더욱 좋아진답니다.

🫖 알코올을 살짝 넣은 티 펀치

Recipe 8

다른 홍차들이 우아하고 나긋나긋한 대화가 이어지는 티 파티를 연상시킨다면 티 펀치는 조금 자유롭고 수다스러운 티 파티에 어울리는 것 같아요. 투명한 유리 볼에 담겨 있는 알록달록한 예쁜 과일들을 보는 것만으로도 기분이 경쾌해지고, 상큼한 과일 향 홍차와 함께 내 몸에 들어온 약간의 알코올이 기분을 더욱 업 시키네요. 확실히 차에 알코올을 조금 넣으니까 파티 분위기에도 잘 어울리고 발랄한 느낌이 들죠?

홍차와 알코올은 왠지 어울리지 않을 것 같지만 은근히 서로 보조를 맞추어 준답니다. 티 펀치에는 과일 향이 첨가된 홍차를 사용하시는 게 좋고, 알코올은 홍차의 색과 맛을 해치지 않도록 화이트 와인이나 로제 와인을 선택해 주세요. 자, 그럼 티 펀치를 한번 만들어 볼까요?

- 재료 과일 향 차 6g, 과일, 로제와인 100ml, 유리 볼, 얼음

- Recipe

1 커다란 유리 볼을 준비해 주세요.

2 실론이나 과일 향 차를 6g 준비해 주세요.

3 유리 볼에 얼음을 반 정도 담고 레몬, 라임, 오렌지 등을 잘라 즙을 내서 부어주세요.

4 차를 3~5분 정도 우린 다음 유리 볼에 부어주세요.

5 로제와인을 100ml 정도 넣고 살짝 저어주세요.

6 레몬과 오렌지 그리고 포도나 베리류의 과일들을 잘라서 예쁘게 띄워주세요.

7 예쁜 국자로 투명한 잔에 조금씩 덜어 마시면 된답니다.

Tea Part.6
Tea Food

🫖 티타임에 절대 빠질 수 없는 것

신나는 티타임에 과자가 없다면 앙꼬 없는 찐빵과 다를 바 없겠죠? 홍차는 과자와 천생연분이랍니다. 티타임에 절대 빠질 수 없는 것이기도 하고요. 물론 마르나 제과점에서 파는 빵과 과자들을 사서 함께 해도 상관없지만, 나만의 정성이 들어간 것이라면 그 맛이 더욱 좋지 않을까요? 근처만 지나가도 발길을 멈추게 하는 빵 굽는 냄새가 우리 집에 가득하다고 생각하면 기분이 절로 좋아지죠.

최근 들어 홈베이킹의 재미에 푹 빠지신 분들이 늘고 있어요. 오븐과 몇몇 도구들만 갖춰놓으면 막상 그다지 어렵지 않기 때문이죠. 실패 확률이 낮은 것부터 하나하나 도전해 보세요. 베이킹은 딱 내가 들인 수고와 정성만큼의 맛을 돌려주어요. 홍차에 어울리는 맛을 찾아보기도 하고, 홍차 향을 쿠키에 넣어보기도 하면서 그렇게 즐거운 티 파티를 준비해 보세요.

홍차의 천생연분 단호박 스콘

홍차의 영원한 친구인 스콘. 너무 달지 않고 깔끔한 맛에 한 조각만 먹어도 든든해지는 녀석이랍니다. 인터넷 홍차 카페인 '오렌지 페코'에 스콘 연구회가 따로 있을 정도로 홍차와 스콘은 천생연분이라고 할 수 있습니다. 최근에는 대형 커피전문점에서는 물론 대부분의 제과점에서 스콘을 쉽게 만날 수 있죠. 물론 파는 것도 맛있지만 오븐에서 방금 구운 스콘의 그 향긋함은 직접 구워보신 분들이 아니면 잘 모르실 거예요. 스콘을 만드는 것은 아주 간편하니 베이킹 초보자분들도 쉽게 하실 수 있어요.

- **재료**(8개) 박력분 400g, 버터 50g, 우유 80g, 베이킹파우더 7g, 소금 5g, 계란 1개, 단호박 150g(약1/3개)

- Recipe

1 먼저 단호박을 삶아 껍질을 벗겨준 다음, 2/3은 으깨고 나머지 1/3은 깍둑 썰어주세요.
2 밀가루를 체에 쳐서 실온에 둔 버터와 섞어주세요. 버터는 자르듯이 섞어서 손으로 가볍게 비벼 가루치즈 같은 상태가 되게 해주세요.
3 계란과 베이킹파우더, 소금, 우유를 한 군데 넣고 섞어주세요.
4 밀가루에 으깬 단호박을 넣고 살살 섞어주세요.
5 단호박을 넣은 밀가루에 3을 넣고 잘 섞어주세요.
6 반죽에 슬라이스한 단호박을 넣고 뭉쳐주세요. 반죽할 때 너무 힘을 주거나 반죽을 오래하면 잘 부풀지 않아요. 대충 덩어리로 만들고 반으로 잘라 2~3번 정도 포개어 주세요.
7 덩어리를 냉장고에 30분 정도 넣어주세요. 이렇게 하면 반죽할 때 생기는 글루텐을 풀어준답니다.
8 덩어리를 꺼내 밀대로 밀고 틀로 찍거나 칼로 잘라서 계란 노른자를 살짝 발라주세요.
9 180℃ 오븐에서 20분간 구워주면 완성!

보들보들 너무 부드러운 마들렌

조가비 모양의 마들렌은 보는 것만으로도 마음이 포근해지죠. 집에서 마들렌을 구우면 달콤하게 퍼지는 향기만으로도 행복해진답니다. 분명히 12개짜리 판에 구웠는데도 나중에 선물로 포장하려고 보면 반밖에 남아있지 않다는 게 미스터리이긴 하지만요. 아, 이상하게 배가 부른 것도 미스터리군요.

- 재료(10개) 박력분 100g, 버터 100g, 꿀 30g, 설탕 70g, 베이킹파우더 3g, 레몬즙 1t, 계란 3개
- Recipe

1 박력분을 곱게 체 쳐 베이킹파우더와 섞어주세요.
2 버터를 물에 중탕하세요.
3 계란과 설탕 꿀을 한데 모아 잘 섞은 다음, 녹인 버터를 넣고 저어주세요.
4 그런 다음 3과 1을 살살 잘 저어주세요.
5 마들렌 팬에 버터를 살짝 바른 다음, 반죽을 70% 정도 채워주세요.
6 180℃ 오븐에서 15분간 구워주면 됩니다. 윗부분이 봉긋하게 올라오면 완성이랍니다.

Ori's Tip

마들렌과 잘 어울리는 차

달콤하고 포근한 마들렌에는 향기 있는 차가 잘 어울려요. 얼 그레이나 레이디 그레이처럼 화사한 홍차와 함께 먹어보세요. 틀림없이 행복한 티타임이 될 거예요.

향긋한 얼 그레이 샤브레

향긋함이 일품인 얼 그레이 홍차! 덕분에 시판되는 과자에도 얼 그레이가 들어간 것이 나왔어요. 하지만 집에서 만들어 먹는 과자에 비할 바는 안 되겠죠. 홍차 캔을 하나하나 늘려가다 보면 다 마시지 못해 쓸쓸히 숨어있는 홍차가 생겨요. 너무 오래 지나지 않았다면 이렇게 과자로 재탄생시켜보는 건 어떨까요?

- 재료.(약35개) 버터 120g, 설탕 60g, 소금 2g, 계란 노른자 2개, 박력분 180g, 우유 10g, 얼 그레이 4g(홍차 잎은 믹서에 갈아 작은 가루로 만들어 사용하세요), 계피 2g

- Recipe

1 실온에 둔 부드러운 버터에 설탕과 소금을 넣고 저어주세요.
2 계란 노른자와 우유를 넣어주세요.
3 체에 친 박력분에 홍차가루와 계피가루를 넣고 **2**를 넣은 다음 주걱으로 잘 저어주세요.
4 잘 뭉친 후에 둥근 막대 모양으로 만들어 냉동실에 넣어두세요.
5 반죽을 꺼내 계란 노른자를 살짝 칠하고, 설탕을 뿌린 후 일정한 두께로 잘라요.
6 180℃에서 12분간 구우면 완성!

샤브레와 잘 어울리는 차

얼 그레이 샤브레에 이미 향이 가해져 있으니까 차는 스트레이트 티를 권해드려요. 단 맛이 제법 있는 과자를 먹을 때는 조금 강한 홍차가 잘 어울린답니다. 특히 실론이나 아삼 같은 차와 궁합이 맞아요. 물론 취향 나름이니까 본인이 가장 좋아하는 차를 찾아보세요.

초콜릿 속으로! 퐁당 쇼콜라

순가락으로 살짝 누르면 초콜릿이 사르르 흘러내리는 퐁당 쇼콜라. 그 달콤함의 마력을 이겨내는 장사가 없답니다. 요사이 많은 카페에서 퐁당 쇼콜라를 메뉴로 준비해 놓고 있죠. 그만큼 사람을 끌어당기는 마녀 같은 디저트랍니다. 집에서 방금 만든, 김이 모락모락 나는 퐁당 쇼콜라와 함께 홍차를 마시자고요!

- 재료(4개) 다크 초콜릿 100g, 버터 80g, 계란 노른자 3개, 계란 흰자 3개, 설탕 60g, 생크림 60g, 박력분 25g, 카카오가루 55g

- Recipe

1 버터와 초콜릿을 물에 중탕합니다.
2 계란 노른자와 설탕 60g 그리고 생크림 60g을 넣고 잘 섞어주세요.
3 2에 카카오가루와 밀가루를 넣고 저어주세요.
4 계란 흰자에 설탕 60g을 두 번에 나눠 넣으면서 거품기로 휘저어 머랭을 만들어요. 하얀 거품이 올라와서 거품을 떨어뜨렸을 때 자국이 생길 정도로 저어주면 됩니다.
5 녹인 버터와 초콜릿을 3에 넣고 섞어주세요.
6 5에 머랭을 넣고 빠르게 저어주세요. 거품이 사그라지지 않게 빨리 섞어주세요.
7 오븐용 그릇에 넣고 180℃에서 20분 구워주면 완성! 구워진 위에 초코칩과 슈가파우더를 살짝 뿌려주면 됩니다.

클로티드 크림 만드는 법

수입 식품 코너에서도 찾기 힘든 클로티드 크림. 스콘에 듬뿍 얹어서 먹으면 필라델피아 크림치즈 광고에 나오던 천사들처럼 "천국의 맛이야."라고 말하게 된답니다. 만드는데 시간이 오래 걸리긴 하지만 그래도 한번쯤 시도해 보세요!

클로티드 크림은 우유의 유지방을 따로 분리해 낸 뻑뻑한 크림이에요. 영국 남서부의 데본과 콘월 지방에서 서로 자기 지방에서 만들어졌다고 이야기하는데 그 유래는 확실치 않대요.

자, 그럼 만들어 볼까요? 먼저 생크림을 준비해 스테인리스 볼에 넣고 아주 약한 불에 중탕하세요. 단, 끓지 않게 주의해야 해요. 그 다음 스테인리스 볼 그대로 식히면 유막이 조금씩 생겨나요. 완전히 식으면 제법 많은 양이 만들어지는데, 그걸 걷어내 냉장고에서 식히기만 하면 완성이랍니다. 남은 생크림은 저지방 우유처럼 마셔도 되고요.

몇 번 시도해 보았는데 냄비의 모든 것이 타거나 넘쳐서 매번 실패를 했다면 요구르트 제조기를 사용해 보는 것도 한 방법입니다.

| Epilogue |

애프터눈 티 파티를 열어볼까요?

맛있게 홍차를 우리는 법과 과자를 만드는 법을 모두 알았으니 티 파티를 열지 않을 수 없겠죠? 정통적인 애프터눈 티 파티는 호스트가 손님에게 먼저 초대장을 보내는 것에서 시작한답니다. 요즘 같은 시대에 편지나 쪽지를 예쁘게 적어 초대장을 보내는 것 자체가 너무 여유롭고 따뜻하게 느껴지네요. 조금은 번거롭겠지만 직접 펜을 들고 초대장을 써보세요. 손으로 쓴 종이를 받는 것만으로 초대받은 손님들의 마음이 설렐 거예요.

애프터눈 티 파티에 빠질 수 없는 것이 바로 3단 접시에 가득 담긴 과자에요. 보는 것만으로 배가 부르고 행복해진답니다. 사실 영국 전통의 티 파티에서는 3단이나 2단 트레이는 사용되지 않았다고 해요. 산업혁명 후 많은 메이드들이 공장으로 달려가 버리는 바람에 일손이 부족하게 되었고, 그 결과 트레이가 탄생하게 되었다고 하네요. 메이드들이 사라져버려서 귀부인들은 조금 힘들었겠지만 덕분에 예쁜 트레이가 탄생되었으니 감사한 일이죠.

   3단 접시에 대해 잠깐 짚고 넘어갈게요. 사실 3단이 다 붙어있는 트레이는 보기에는 예쁘지만 설거지하기가 약간 복잡하고 중간 단에 케이크라도 놓게 되면 먹기가 다소 불편해진답니다.

   그래서 스테인리스로 되어 접시를 올려놓을 수 있는 타입이 더 쓰기 편하죠. 어떤 접시를 올리느냐에 따라 다른 분위기를 낼 수 있는 것도 매력적입니다. 다만 붙어있는 3단 트레이가 워낙 아름다워 어느새 결재하고 있는 저를 보는 건 어쩔 수 없네요. 집에 놓을 곳이 없다고 저를 꼬집으면서 참고 있어요.

   디저트를 세팅하는 것 역시 본인 취향에 맞게 하는 것이 가장 좋지만 기본적

으로는 샌드위치와 스콘, 케이크와 과자류가 올라간답니다. 티 파티의 음식들은 대부분 손으로 먹기 쉬운 핑거푸드류의 음식이 좋고요.

저는 보통 아랫단에 샌드위치와 스콘을 놓고 중간 단에 케이크와 과일 그리고 맨 위에 달콤한 스위츠 종류를 올려서 아래부터 순서대로 먹는답니다. 아랫단에 따뜻한 것을 놓으면 김이 위로 가기 때문에 스콘에 작은 덮개를 덮는 경우도 있다고 해요.

모든 디저트를 손수 준비하는 게 가장 좋지만 너무 많이 준비를 하게 되면 티 파티를 열기도 전에 호스트가 먼저 지쳐버리고 말겠죠. 만들 수 있는 건 만들고 조금 어려운 것들은 디저트 가게에서 구입하는 것도 한 방법이에요.

티 파티에 어울리는 음악을 고르고 손님들이 좋아할 차를 테이블에 꺼내놓고 예쁜 다구들을 테이블 위에 올려놓는 그 자체만으로도 벌써 티타임이 너무너무 기다려진답니다. 예쁜 테이블보를 깔고 손님이 오는 시간에 맞추어 따뜻한 스콘을 구워보세요. 맛있는 과자와 홍차가 있는 곳, 그곳에 바로 행복이 있답니다.

My Tea cafe
Ori Pekoe

 2010년 5월, 이 글을 쓰고 있는 지금 오리페코와 제가 함께한 지 618일이 되고 있답니다. 마냥 홍차가 좋아서 혼자서 홀짝홀짝 마시기만 했던 제가 홍차카페를 냈다는 사실이 618일이 지난 지금도 믿어지지 않곤 해요.

 오리페코가 문을 열었던 그 가을날, 테라스에 있던 대추나무에는 알알이 굵고 튼튼한 대추가 한가득 열렸습니다. 스테인레스 볼을 가득 채우고도 남던 대추는 채 익지 않아 아삭하고 풋풋한 향이 듬뿍 묻어났었죠. 돌이켜 생각하면 카페를 오픈하기 전의 저는 이렇게 덜 익은 대추 같았는데 이젠 제법 빨갛게 변해가는 듯해 조금은 뿌듯해지기도 한답니다. 오리라는 대추가 익는 동안 무슨 일이 있었는지 살짝 들려드릴게요.

카페나 하면 정말 좋겠다

중학교때부터 미술을 시작해서 대학교, 대학원을 다니는 동안 계속 미술만 해왔었는데, 처음 "카페를 하고 싶다"는 바람이 언제 어디서 솟아난 걸까요?

달달한 것과 홍차 그리고 아늑한 공간. 대학시절부터 카페는 제게 마치 파라다이스 같은 공간이었어요. 그렇지만 어린 시절에는 단순히 동경의 대상일 뿐이었죠. 여대생들이 한 번쯤은 가져보았을 소망처럼 '아, 카페나 하면 정말 좋겠다.' 이 정도의 생각이었답니다.

홍차를 알게 되면서 이런 구름 같던 생각이 솜사탕 정도로 어느 정도 형태를 갖추기 시작했죠. 알면 알수록 더 알고 싶어지고 또 아는 만큼 점점 더 카페를 하고 싶어졌어요. 제가 홍차에 대해 배우고 공부하던 홍차 교육장이 카페였기 때문에 카페에 대한 로망이 더욱 부풀어왔던 것 같기도 해요. 교육과정에서 만났던 바리스타나 카페 운영자분들이 정말 멋있게 보였거든요.

한창 카페에 대한 관심이 생겨 아르바이트도 해보고 싶다는 생각이 들었지만 그때 제 나이가 벌써 스물다섯이라 경력 없는 아르바이트는 어디에서도 필요로 하지 않더라고요. 이력서만 스무통 넘게 보냈었는데 연락이 온 적은 없었죠. 결국 제대로 된 경험도 쌓지 못했답니다. 그냥저냥 이곳저곳에서 아는 사람 덕분에 며칠씩 두리번거리는 정도만 할 수 있었으니까요.

덕분에 좌절을 경험하기도 했지만 예쁜 카페에서 따끈따끈한 홍차를 만날 때마다 제 꿈은 한도 없이 자꾸자꾸 두둥실 커지기만 했답니다. 내가 좋아하는 소품들로 가득 채워진 카페에서 홍차를 우리고 있는 내 모습이 점점 선명해지는 폴라로이드 사진처럼 머릿속에 들어차고 말았거든요.

내 맘에 쏙 드는 장소를 만났습니다

어느새 그 마음이 차고 넘쳐나 '팡' 하고 폭발하기까지는 그리 오래 걸리지 않았어요. 그 마음을 꾹꾹 눌러 담아 "더! 더! 더 많이 배우고, 더 많이 알고 나서 시작해야 돼."라고 몇 백 번이나 제 자신을 채찍질 해왔었는데도 말이죠.

세상살이 잘 모르고 참을성 없던 어린 치기 때문인지 그 1년 전 제 옆에 함께 서게 된 남편의 응원 덕분인지 알 수는 없지만 어느 순간 가게 매매 계약서를 쓰고 말았답니다.

카페를 한다면 어느 곳에서 시작하는 것이 좋을지 꽤나 많은 곳을 돌아다니며 수많은 커피와 홍차를 마셔봤죠. 익숙했던 이대나 신촌 그리고 좋아하는 카페들이 많이 모여 있는 홍대까지.

가게를 구하려면 얼마나 필요한지에 대한 대충의 짐작도 없이 어설픈 정보가 모인 인터넷이나 카페 관련 서적만 뒤적거리곤 했습니다. 그리고 2007년 추운 겨울, 문 앞에서 한참을 망설이다 부동산에 발을 들여놓았죠. 부동산에서는 굉장히 현실적인 정보와 실제 시세를 어느 정도 알려주었어요. 이렇게 처음 발길을 한 이후 보이는 부동산이란 부동산은 다 들어가 보는 열성을 토해냈답니다. 그냥 지나칠 때는 몰랐는데 이렇게 집중하고 보게 되니 정말 많은 부동산이 있다는 것도 알게 되었죠.

이렇게 수많은 부동산을 전전하는 동안 어느새 저는 홍대를 카페 장소로 선택하게 되었습니다. 제가 상상해왔던 저의 카페, 아늑하고 구석에 쏙 숨어 있는 그런 카페를 만들 수 있을 것 같았거든요.

반 년 정도 부동산을 오가는 동안 제게는 곳곳에 숨어 있는 카페 이름이 적힌 커다란 지도가 생겼답니다. 하지만 계약이라는 건 정말 생각처럼 쉽지 않았답니다. 맘에 드는 장소를 찾아내도 카페로 허락을 내주지 않는다거나 아니면 순식간에 계약되어 나가버린다거나 하는 일이 생기곤 했거든요.

"아, 이젠 정말 지친다."라는 생각이 들 때쯤 부동산에서 한 장소를 소개해 주었어요. 조용하고 아늑한 골목에 위치한 자그마한 단독 주택은 '아, 여기야.' 라는 생각이 들게 해주었죠. 마음이 들뜨기 시작했어요. 도장을 찍는 데 하루도 걸리지 않았다니 정말 굉장한 일이죠.

가게를 계약하고 오픈하는 데에는 상당한 금액이 든답니다. 저는 은행 담보대출을 이용했기 때문에 이자에 대한 부담도 어느 정도 컸어요. 금액이 부담스러우신 분들은 서울시에서 운영하는 하이서울 창업스쿨을 이용해보는 것도 좋아요. 3개월의 과정을 수료하고 나면 2천~5천만 원의 자금을 저금리로 대출받을 수 있습니다.

내 손으로 직접 만든 오리페코

물론 성급한 결정 후에 엄청난 시련과 고통을 맛보기 시작했답니다. 사회 경험도 부족하고 세상물정 모르던 스물일곱의 오리에게 '오리페코'는 세상의 가혹함과 혼자 오롯이 서는 법을 알려주었죠.

정말이지 좌충우돌, 하나가 정리되면 여기서 팡 저기서 팡 하고 난관에 부딪혔고, 덕분에 주저앉아 한 달을 울기도 했습니다.

아마 평생에 다 쏟을 기도를 그 시기에 몰아서 한 듯한 기분이 들어요. 겁 없이 덜컥 계약서를 쓰고 밀려오는 압박감에 불면증에 걸렸고, 부모님께 정신이 아득해질 정도로 혼이 나기도 했죠.

가게를 차릴 장소가 정해지면 시작의 반은 된 줄 알았는데, 그 이후부터가 정말 시작이었습니다. 사실 인테리어에 대해서는 거의 개괄적인 구상이 끝난 상태였어요. 가게에 놓을 소품을 사기 위해 일본에 가서는, 무거운 조명에서부터 유리 소품까지 같이 간 남편뿐만 아니라 저까지 더 이상 어떻게 해도 들고 올 수 없을 만큼 산타클로스처럼 잔뜩 지고 돌아왔으니까요.

인테리어 잡지에 온갖 사진들을 늘어놓고 모형까지 만들어 냈지만, 전체 인테리어를 제 손으로 하는 건 무리가 있었죠. 제 머릿속에 있는 것들을 표현해 줄 인테리어 업체가 필요했고, 여기저기 수소문을 한 끝에 정말 좋은 인테리어 업체와 계약을 할 수 있었습니다.

그러나 마치 꿈에 취한 듯 순조롭게 진행되던 일들은 갑자기 밀려드는 온갖 책임과 금전적인 부담을 이겨내지 못하던 제게 생긴 작은 시련 하나로 저는 무너지고 말았습니다.

당장 내일로 잡혀있던 공사는 무기한 연장되었고, 저는 집밖에도 나가지 않고 한참을 울며 지냈어요. 한번 수렁에 빠진 마음을 건져내는 게 이렇게도 힘든 일인지 주변 사람들의 걱정도 들리지 않고 그냥 한없이 주저앉기만 했습니다. 조금씩 정신을 차린 게 그후 한 달, 열심히 힘을 북돋워주던 사람들의 격려로 다시 집밖으로 발을 내디뎠죠.

'자, 다시 해보자.' 인테리어 업체와는 계약을 해지하고, 제가 직접 발로 뛰기로 결정을 내렸습니다. 인테리어에 대한 욕심도 반 이상 접기로 마음먹었죠. 너무 욕심을 부려서 제 욕심에 넘어진 것 같은 생각도 들었거든요.

을지로에 가서 바닥재를 살피고 목수 아저씨와 약속을 하고 돌아온 순간, 드디어 앞으로 나아가는 느낌이 들었어요. 하지만, 여기서부터 또 시련은 계속되었죠. 하나하나 제 손으로 보고 결정하는 과정이 꽤나 오랜 시간을 필요로 했습니다. 화장실 타일도 직접 찾아가서 고르고, 벽돌 타일도 공장에서 받아와서 제 손으로 직접 붙였어요. 최근에 인터넷에 자주 오르내리는 리폼의 여왕이 된 것 같은 생각도 들 정도였죠.

  과천까지 가서 페인트도 직접 색을 보고 차에 싣고 돌아왔습니다. 오리페코의 하얀 바닥은 무려 다섯 번의 페인트칠로 완성된 거예요. 남편과 제가 칠하는 데만 꼬박 이틀이 걸렸죠. 땀으로 범벅이 되다 못해 세수에 샤워까지 한 듯한 모양새가 되었으니까요. 페인트칠이 끝나고 나니 어느 정도 가게가 완성된 듯한 느낌에 한참을 바닥에 누워서 바라보았습니다.

왜 오리냐고요?

주문 제작한 테이블들이 도착했고, 마침내 오리페코의 상징인 컵에 담긴 오리모형이 도착했죠. 이쯤에서 가게 이름이 왜 '오리페코'인지 설명 드릴게요. 오리페코는 제 별명인 오리와 홍차 등급인 페코의 합성어랍니다. 발음하기 쉽고 경쾌한 느낌의 이름을 짓고 싶었거든요. 너무 시시한가요? 이 이름도 무려 두 달 동안의 고민과 이곳저곳에서의 설문 끝에 정한 이름이에요.

그래서 카페에 오리라는 모티브를 가져오고 싶었어요. 처음에 생각한 것은 오리보트였습니다. 가게 안에 오리보트가 있다면 귀여울 것 같다는 생각이 들었죠. 심지어 그 안에 손님이 앉을 수 있는 테이블을 놓으면 눈에 확 들어오는 효과도 있을 것 같았거든요. 그래서 오리보트를 보러 경기도에도 가고 공장에 전화도 해보았는데 이 오리보트라는 게 가격이 상당히 비싸고 가게에 맞는 크기를 구하는 일도 쉽지가 않았죠. 실내에 놓는 건 높이가 안 되고 테라스에 놓으면 너무 꽉 찰 것 같고, 그래서 오리보트에 대한 욕망은 제 마음 한켠에 고이 접어두게 되었어요.

다음에 생각한 게 바로 이 거대 오리랍니다. 카페 로고이기도 한 이 컵 속의 오리를 '커~다랗게' 만들어 지붕 위에 올리기로 한 거죠. 골목 안쪽에 위치해 잘 보이지도 않고 단독주택이라 너무 카페 같아 보이지 않는다는 점을 개선할 수도 있을 것 같았거든요. 여러 업체와 연락한 결과 조금 비싸도 단단한 소재로 거대한 컵 속의 오리를 주문할 수 있었습니다. 이 거대한 오리에 조명을 달아 빛을 비출 때 제 맘속에서도 반짝반짝 조명이 들어오고 있었습니다. 드디어 카페가 제 모습을 갖추었어요.

하지만 들뜬 마음도 잠시, 바로 옆 가게에 도둑이 들었다지 뭐예요. 덕분에 경비업체가 설치해주는 날까지 뜬 눈으로 가게에서 밤을 보내야했답니다.

시련을 거치지 않고 얻는 것에는 가치가 없다지만 정말 평생 겪을 시련을 다 몰아서 받고 있는 기분이었어요. 지금 이렇게 웃으면서 기억할 수 있다는 사실이 그때의 저로서는 절대 믿기지 않았죠.

카페 놀이로 풍성해진 메뉴

오리페코의 메뉴는 가게 오픈 2년 전부터 제 파일 속에 들어있었습니다. 집에서 홍차 종류를 이것저것 갖춰 놓고는 카페 놀이를 해보고 싶었던 마음도 컸어요. 친구에게 손으로 만든 메뉴판을 내놓고 "여기서 골라."라고 말하고 싶었거든요.

2년의 과정을 거치는 동안 점점 메뉴판이 빵빵하게 들어차고 있었죠. 여기저기서 새롭게 배운 것들이 새록새록 생겨났으니까요.

카페의 디저트 메뉴는 꼭 내손으로 열심히 만들어야지 하고 생각했기 때문에 집에서 무수한 실패 디저트들을 양산해 내곤 했답니다. 처음에는 도저히 먹을 수 없을 것 같던 과자만 만들어내던 제가 홍차를 함께 배운 사람들에게 아주 작은 쿠킹 클래스를 하게 되기까지 버려진 수많은 계란과 버터와 밀가루님께 이 자리를 빌어 짧은 애도의 묵념을 드립니다~.

드디어, 오픈이에요

그날은 다행히도 햇빛이 오리페코의 정원을 가득 채우고 있었습니다. 밤새 두근거리며 가만있지 못하다가 가게 문을 열고 들어갔습니다. 오리페코는 마치 제가 첫 손님인양 "어서 와"라고 말하며 생글생글 웃고 있었어요. 드디어 조명등을 켜고, 얼마 지나지 않아 첫 손님이 들어왔습니다. 아까부터 입술만 달싹거리며 연습하던 말이 정말로 자연스레 입 밖으로 튀어나왔죠.

"어서 오세요!"

'정말 성심성의껏 준비했어요. 예쁘게 봐주세요. 저 진짜 열심히 할게요. 맛은 괜찮으세요? 분위기는 어떤가요? 불편하신 데는 없으세요? 아, 지금 거의 다 드셨다.'

이렇게 혼자서 마음속으로 주절거리며 첫 손님을 계~~속 지켜보고 있었습니다.

분명히 손님도 제 강렬한 눈빛을 느끼시지 않았을까요? 계산을 마치고 오픈기념으로 준비한 고무 오리인형까지 드리고 나니 발끝에 힘이 풀리고 말았습니다.

처음엔 지나가는 사람이 많지 않은 골목길에 자리 잡아서인지 지나다니다 잠깐씩 들여다보는 사람만 있었어요. 하지만 친구들과 가족들로만 채워지던 오리페코에 손님들이 채워지기까지는 생각보다 오랜 시간이 걸리지 않았습니다. 운 좋게도 유명 사이트에 소개되는 행운을 만난 거죠. 당연히 바쁘지 않을 거라고 생각하고 친구들에게 놀러오라고 한 주말에 갑자기 밀려드는 손님들로 인해 '아 사람이 이렇게 일을 많이 할 수도 있구나.' 라는 신묘한 체험을 하고 말았습니다. 당연히 놀러온 친구들은 설거지통에서 허덕이게 되고 말았죠. 그 이후부터는 꾸준히 조금씩 찾아주시는 분들이 생겼고, 덕분에 오리페코를 조금은 안정적으로 운영할 수 있게 되었어요.

부족했던 만큼 손님들에게 배우기도 하고, 여기저기서 조금씩 주워듣고 배워나갔습니다. 자신 없던 커피도 자격증을 하나 구비해 놓을 수 있게 되었으니까요.

아직 갈 길 멀고 배울 게 산더미 같은 오리이지만 이제껏 카페를 찾아주시고 도와주신 분들께 너무너무 감사한 마음을 전하고 싶네요. 처음 제 입에서 나왔던 우물쭈물 "어서 오세요~."가 아닌 힘찬 목소리로 여러분을 맞이할게요.

"어서 오세요!!"

618일, 그리고 지금

한창 공사 중이던 먼지 날리는 오리페코에서 친구와 함께 끓였던 밀크 티의 달고 쌉쌀한 맛을 아직도 기억합니다. 그 맛이 저에게는 오리페코라는 카페, 그 자체로 느껴졌답니다. 노릇노릇 부드러운 향기가 가득한 밀크 티 그리고 오리페코.

그 부드러운 밀크 티처럼 손님들을 꽈악 안아주고 싶었습니다. 618일을 달려온 지금 처음 그 각오처럼 아낌없이 포옹을 했는지 그건 손님들이 판단할 문제겠지요. 오늘도 오리페코는 작은 각오를 하면서 문을 열 거예요.

"따뜻한 홍차 한 잔의 향기를 여러분에게 드려요."

Ori's Sweet Tea Time
날마다 홍차

초판 1쇄 펴낸날 2010년 7월 10일
초판 3쇄 펴낸날 2014년 11월 10일

지은이 김유나
펴낸이 서경석

책임편집 정재은 | **디자인** 박정수
마케팅 서기원 | **제작 · 관리** 서지혜, 이문영

펴낸곳 청어람M&B | **출판등록** 2009년 4월 8일(제 313-2009-68호)
주소 경기도 부천시 원미구 부일로 483번길 40 서경빌딩 3층 (우)420-822
전화 032)656-4452 | **팩스** 032)656-4453
전자우편 junoorbook@naver.com

ⓒ김유나, 2010
ISBN 978-89-93912-29-6 13810

※이 책의 내용 일부 또는 전부를 재사용하려면 반드시 저작권자와 청어람M&B 양측의 동의를 얻어야 합니다.